HERDER JAHRBUCH
HERDER YEARBOOK
1994

HERDER JAHRBUCH
HERDER YEARBOOK
1994

Herausgegeben von Wilfried Malsch
in Verbindung mit Wulf Koepke

VERLAG J. B. METZLER
STUTTGART · WEIMAR

Dank:

Die Edition dieses Bandes wurde vom *Vicechancellor for Research and Graduate Studies* und vom *Dean of Humanities and Fine Arts* finanziell und vom *Department of Germanic Languages and Literatures* der *University of Massachusetts* in Amherst, Massachusetts, USA, in vielfältiger Weise unterstützt. Dank gebührt besonders dem Editionsassistenten Jeffrey High *(Department of Germanic Languages and Literatures)* für die Redaktion englischer Texte und weitere Editionshilfen und John Michael *(School of Engineering)* für Hilfe bei Computerproblemen.
Für Gutachten seien Hans Adler, Karl Menges, Michael Morton und Wilhelm Schmidt-Biggemann bedankt.
Dank gebührt auch dem Metzler-Verlag für großzügiges Entgegenkommen und konstruktive Hilfen.

Die Deutsche Bibliothek – CIP-Einheitsaufnahme

Herder-Jahrbuch = Herder yearbook. – Stuttgart ; Weimar : Metzler.
Erscheint jährl. – Früher im Verl. Camden House, Columbia SC. –
Wurde früher nicht angezeigt. – Aufnahme nach 1994
NE: Herder yearbook

ISBN 978-3-476-01284-5
ISBN 978-3-476-03581-3 (eBook)
DOI 10.1007/978-3-476-03581-3

Ursprünglich erschienen bei J. B. Metzlersche Verlagsbuchhandlung
und Carl Ernst Poeschel Verlag GmbH in Stuttgart 1994

EIN VERLAG DER SPEKTRUM FACHVERLAGE GMBH

INHALT

VORWORT

Die im Auftrag der 1985 gegründeten Internationalen Herder-Gesellschaft veranstalteten Herder-Jahrbücher dienen der Diskussion der seit über zwanzig Jahren mehr und mehr hervortretenden neuen Erkenntnisse zu Herders Sprach-, Natur- und Geschichtsphilosophie, Anthropologie, Theologie und Ästhetik. Sie wollen indes auch Herders historisches Umfeld erschließen und Untersuchungen Raum geben, die anderen innovativen Schriften aus Herders Zeit gewidmet sind. Ferner sind sie offen für aktuelle Bezugnahmen auf diesen Kontext und auch für kritische Diskussionen moderner Theorien im Lichte Herders. Mit all dem möchten die Jahrbücher mithelfen bei der Verbreitung des neu entstehenden Herderbilds und des davon mitbedingten neuen Verständnisses seiner Zeit (vgl. die Diskussion der Herder-Rezeption im Vorwort zum ersten Band).

Alle, die auf einem oder mehreren der genannten Gebiete neue Erkenntnisse zur Diskussion stellen können, sind eingeladen, Manuskripte in deutscher, englischer oder französischer Sprache an einen der Herausgeber zu senden. Richtlinien zur Manuskriptgestaltung sind beim Verlag oder bei den Herausgebern erhältlich.

Der erste Band dieses Jahrbuchs, herausgegeben von Karl Menges, Wulf Koepke und Wilfried Malsch, kam 1992 bei Camden House (Drawer 2025 Columbia, South Carolina 29202, USA) heraus. Künftig erscheint es beim Verlag J. B. Metzler, Stuttgart in jährlicher Folge. Der erste Band kann in Deutschland auch vom Metzler-Verlag (Postfach 103241, 70028 Stuttgart) bezogen werden. Der zweite Band erscheint zum Jubiläum von Herders 250. Geburtstag. Nach Otto Danns einleitendem Beitrag über die Schwierigkeiten von Herders politischer Sozialisation in Deutschland untersuchen Jost Schneider die verdeckte Religionskritik des »heimlichen Glaubenszweiflers« und Birgit Nübel die sozialgeschichtliche Bedeutung seiner androzentrischen Sicht des Weiblichen. Dagmar Barnouw stellt Herders und Kants kontroverses Verständnis rassischer und kultureller Vielfalt der empirisch-sachlicheren Position Georg Forsters kritisch gegenüber. Ralph Häfners detaillierte Analyse der von Herder angeeigneten ältesten und neueren Wissenstraditionen und Wilhelm Schmidt-Biggemanns Skizze des von Leibniz begründeten harmonischen Aufklärungsmodells in Deutschland beschließen den vorliegenden Band.

Vom nächsten Jahrbuch an ist ein Abschnitt »Diskussion« geplant, der sich auf das je vorangehende Jahrbuch bezieht. Zu den Aufsätzen dieses Jahrbuchs bitten die Herausgeber alle interessierten Leserinnen und Leser bis zum Jahresende um kurzgefaßte Fragen, Einwände oder weiterführende Gedanken, die im darauffolgenden Jahrbuch zusammengefaßt und mit knappen Stellungnahmen der Verfasser abgedruckt werden.

Das künftige Gelingen regelmäßig erscheinender Herder-Jahrbücher hängt nicht nur von der Einsendung neuer Manuskripte ab, sondern ebenso von dringender Vermehrung der Mitglieder der Internationalen Herder-Gesellschaft/Society (IHS).

Dazu beizutragen sind alle Leser und Leserinnen sehr gebeten. Die Jahrbücher werden mit den Mitgliedsbeiträgen für die IHS erworben. Antragsformulare mit Kontoangaben sind beim IHS-Schatzmeister und Sekretär erhältlich.

Die Adressen der Beiträger, der Herausgeber und des IHS-Schatzmeisters befinden sich am Ende des Bandes.

W. M.

OTTO DANN (Köln)

HERDERS WEG NACH DEUTSCHLAND

Mohrungen, wo er im Jahre 1744 geboren wurde, gehörte nicht zum Deutschen Reich. Als Zwanzigjähriger ging Herder von Königsberg nach Riga, das seit Beginn des 18. Jahrhunderts zum Reich der Zaren gehörte. Erst im Jahre 1770 überschritt er die Reichsgrenze und beschwor in einem Gedicht *An den Genius von Deutschland* Deutschland als Vaterland. War er damit auf dem Weg zu seinem Vaterland am Ziel? Die räumliche Annäherung verweist auf die geistige, und diese ist auch bei Herder das eigentliche Problem. Schon das *Journal*, das er während seiner Reise nach Deutschland geschrieben hatte, zeigt, daß er einen Begriff vom Vaterland hatte, der nicht nur Deutschland umfaßte.

Das Vaterland (patria) eines Menschen ist niemals allein objektiv vorgegeben. Es wird erst durch die Identifikation mit ihm, durch den patriotischen Bezug, wirklich zum Vaterland. Dies war die neue Erfahrung der Gebildeten im 18. Jahrhundert. Patriot zu werden, wurde für sie zu einem Programm. Für die deutschsprachigen Gebildeten in Mitteleuropa entstanden hier jedoch Probleme; denn Deutschland bildete keine staatliche Einheit. Herders ›Weg nach Deutschland‹ soll unter diesem Aspekt hier untersucht werden.

I.

Herders Patriotismus also ist das Thema dieses Beitrages, und damit ist ein weiter Zusammenhang der Forschungsdiskussion im Spiel, sowohl zu Herder wie auch zum Patriotismus im 18. Jahrhundert. Im Rahmen dieses Jahrbuches, das in Amerika begründet wurde, liegt es zunächst nahe, an die Anfänge zu erinnern. Die Tradition der Erforschung von Herders Patriotismus, in der wir heute stehen, ist in den USA eröffnet worden. Carlton Hayes, der Initiator einer vergleichenden Nationalismusforschung, hatte sich speziell auch Herder zugewendet. Im Jahre 1927 untersuchte er ›The Contributions of Herder to the Doctrin of Nationalism‹.[1] Innerhalb der Entwicklungsgeschichte des Nationalismus wies er Herder einen wichtigen Platz in der Entstehung des sogenannten ›humanitären Nationalismus‹ zu.[2] Hayes stimulierte damit andere Wissenschaftler, Herders Denken über Völker und Nationen zu untersuchen, zunächst seinen Schüler Robert Ergang, dessen 1931 erschienene Dissertation bis heute diskussionswürdig blieb.[3]

---

1 In: *American Historical Review 32*, 1927, 719-736.

2 Vgl. Carlton J.H. Hayes, *The Historical Evolution of Modern Nationalism*, New York 1931, 27-34. Hayes stellt Herder neben Bolingbroke und Rousseau, und er hebt hervor, daß Herder als erster »a whole philosophy of nationality« entwickelt habe.

3 Robert Ergang, *Herder and the Foundations of German Nationalism*, New York 1931.

Man kann sagen, daß es seit diesem Start an der Columbia Universität in New York an eine spezifisch anglo-amerikanische Tradition der Herder-Interpretation gibt. Während man in Deutschland in der ersten Hälfte unseres Jahrhunderts andere Wege ging, wurden in der anglo-amerikanischen Tradition die humanitären, demokratischen und pazifistischen Züge von Herders patriotischem Denken herausgearbeitet.[4]

Mit dieser Tradition der Herder-Forschung war jedoch verbunden eine Subsumierung Herders unter den Begriff ›Nationalismus‹, der in einem weiten Verständnis in Amerika auch das Nationalgefühl umfaßt. Bemerkenswert ist die Einschätzung Herders im Rahmen der deutschen Entwicklung. Vor dem Ausbruch des Zweiten Weltkrieges wurde Herder in Amerika als ein typischer Deutscher betrachtet. Über die Interpretation von Herders Schriften suchte man den Zugang zum Verständnis der deutschen Nation. Dies änderte sich im Zusammenhang des Antihitlerkrieges radikal. Hans Kohns großes Werk ›The Idea of Nationalism‹ wurde hier meinungsbildend. Kohn nahm eine umfassende Neuinterpretation der Entwicklung des europäischen Nationalismus vor, und die Entwicklung in Deutschland bekam nun durchgängig negative Konnotationen. Herder jedoch wurde von dieser Wertung ausgenommen; er galt nun als ein nicht typischer Deutscher.[5] Die Herderinterpreten, die Kohn folgten, versuchten häufig zu zeigen, daß sich die Entwicklung in Deutschland nicht auf dem Wege vollzog, den Herder vorgezeichnet hatte.

Wir wollen das Thema des Patriotismus bei Herder erneut aufgreifen, jedoch bescheidener ansetzen und den vieldeutigen Begriff des Nationalismus aus dem Spiele lassen. Es ist notwendig, sich nicht von den Klassifizierungen unseres Jahrhunderts leiten zu lassen, sondern auf Herder selbst zurückzugehen und zu fragen, wie sein patriotisches Denken fundiert und ausgerichtet war.

Was Patriotismus im 18. Jahrhundert bedeutete, ist durch die Aufklärungsforschung der vergangenen Jahre[6] deutlicher geworden: eine neue Form des sozialen Verhaltens, wo nicht mehr die Interessen der eigenen sozialen Schicht im Vordergrund standen, sondern die Gesellschaft als Ganze, das Vaterland. Patriotisches Verhalten konnte auf verschiedene Bereiche des gesellschaftlichen Lebens ausgerichtet sein, auf die Einführung neuer Produktionsmethoden, die Sprachkultur, die Reform des Schulwesens, die Verbesserung der sozialen Fürsorge, schließlich auch auf die Politik selbst. Es handelte sich um ein typisch bürgerliches Verhalten; denn es ging von der Gleichwertigkeit aller Gesellschaftsmitglieder aus, und eine auf die Mitwirkung von Bürgern angewiesene Republik galt lange als der einzig mögliche Rahmen für Patriotismus.

Es war daher ein wichtiger Schritt, als in der Mitte des 18. Jahrhunderts eine Diskussion darüber einsetzte, ob auch in einem Königreich wie Preußen, das keine Bür-

---

4 Am ausführlichsten das Werk von F[rederick] M. Barnard, *Herders Social and Political Thought. From Enlightenment to Nationalism*, Oxford 1965.

5 Vgl. Hans Kohn, Die Idee des Nationalismus, Heidelberg 1950, 573-592.

6 Vgl. zuletzt: *Patriotismus in Deutschland*, hrsg. v. Günter Birtsch und Meinhard Schröder, Trierer Beiträge 22, 1993. – Cosmopolitisme, Patriotisme et Xenophobie en Europe en Siècle de Lumières, ed. Gonthier-Louis Fink, Straßburg 1987.

ger sondern nur Untertanen kannte, Patriotismus möglich sei.[7] Weniger problematisch dagegen war es von jeher, den Begriff des Patriotismus auf das Deutsche Reich anzuwenden, das mit seinem Wahlkönigtum und dem Reichstag als Parlament durchaus auch republikanische Strukturen aufwies.[8] Aber hier, hinsichtlich des Vaterlandes Deutschland, bestanden im 18. Jahrhundert ganz andere Probleme: Wo lagen die Grenzen dieses Vaterlandes? Konnten es die des Heiligen Römischen Reiches sein, dem wichtige deutschsprachige Gebiete wie die Schweiz oder Ostpreußen nicht zugehörten, dafür aber nichtdeutsche Völker wie die Tschechen? Wo lag der Mittelpunkt dieses Vaterlandes angesichts der vielen konkurrierenden Residenzstädte? Welche politischen Gemeinsamkeiten gab es in ihm, wenn die deutschen Fürsten untereinander sogar Krieg führen konnten, wie der bewunderte Friedrich II. von Preußen es vormachte? Was stellte eigentlich die deutsche Nation dar, wenn die Fürsten des Reiches politisch souverän waren und der Reichstag nicht mehr als ein Gesandtenkongreß?

Dies waren auch Fragen Herders, der schon als 20jähriger ein Patriot sein wollte und sein Leben lang dazu auf dem Wege war. Herders Weg als Patriot soll hier in seinen wichtigsten Stationen, an exemplarischen Texten, verfolgt werden. Die Frage nach dem Vaterland umfaßt auch die nach der Nation, die hier nicht eigens thematisiert werden kann. Die Untersuchung soll begrenzt sein auf die territoriale, die vaterländische Dimension des patriotischen Verhaltens; denn nicht nur von dem Worte her ist Patriotismus in erster Linie auf das Vaterland bezogen.

II.

In dem *Journal* seiner großen Reise im Jahre 1769 gibt Herder auch Auskunft über sein Verhältnis zu den Staaten, in denen er bisher gelebt hatte, sowie über die vaterländischen Bindungen, die für ihn bestimmend waren.

Zu Preußen, dem Land seiner familiären Herkunft und seiner Universitätsstudien, hatte Herder zeitlebends ein distanziertes Verhältnis. Gegenüber dem Staate Friedrichs des Großen lebte er als armes Landeskind ständig in der Furcht, zur Armee rekrutiert zu werden. »Zu sehr Untertanen« lautet sein Urteil über Preußen im *Journal*. Es blieb ihm ein ›verjochtes Vaterland‹. An Friedrich kritisierte er dessen Vorliebe für die französische Kultur, seine geringe Kenntnis der deutschen Sprache und Literatur.[9]

---

7 Vgl. den berühmtesten Beitrag: Thomas Abbt, *Vom Tode für das Vaterland*, 1761.

8 Vgl. zuletzt Michael Stolleis, »Reichspublizistik und Reichspatriotismus vom 16. zum 18. Jahrhundert«, in: *Patriotismus in Deutschland* (Anm. 6), 21-28.

9 Johann Gottfried Herder, *Journal meiner Reise im Jahr 1769*, Historisch-Kritische Ausgabe, hrsg. v. Katharina Mommsen, Stuttgart 1976, 82 f.

Nach einem Dankgebet an der Grenze wanderte Herder 1764 nach Rußland aus, das auch absolutistisch regiert wurde. Hier aber verherrlichte er Katharina II., die Reformzarin, und gab sich als ein russischer Patriot – ein Patriotismus, der allein in der Sympathie für den aufgeklärten Herrscher wurzelte. Er war verbunden mit der Hoffnung, selbst in den Reformprozeß aktiv sich einschalten zu können, quasi als Berater der Zarin.[10] Herder sah das Zarenreich im übrigen als einen Staat mit vielen Nationen, denen er eine je eigene Entwicklung zuerkannte.

Riga, das mit eigenen Autonomierechten der deutschen Oberschicht seit Anfang des Jahrhunderts zum russischen Reich gehörte, wurde für Herder zu einem besonderen Vaterland. Hier konnte er schon bald eine vielfältige gesellschaftliche Wirkung entfalten, und er blieb auch im Jahre 1769 mit seinen patriotischen Vorstellungen noch auf dieses ›Genf des Ostens‹ ausgerichtet.[11] Er träumte davon, in dieser Stadtrepublik zu einem ›zweiten Zwingli‹ zu werden, und es ist charakteristisch für ihn, daß sich sein reformerischer Blick über die Grenzen der deutschsprachigen Oberschicht hinaus auf die Völker im Umkreis richtete. Eine ›Livländische Vaterlandsschule‹ möchte er ins Leben rufen und dazu beitragen, die Völker des Ostens auf einen ›Weg zur allmählichen Freiheit‹ zu führen.[12] Seine soziale Position sollte dabei nicht übersehen werden: Herder war eingebettet in die politische Führungsschicht Rigas, verkehrte in dessen Bürgerhäusern, hatte ein besonders Verhältnis zu dem agilen Verleger Hartknoch, arbeitete mit an einer aufklärerischen Zeitschrift und war nicht zuletzt Mitglied der Freimaurerloge, bald schon deren Sekretär. Von dieser Verortung in einer stadtrepublikanischen Bürgerelite fühlte er sich aufgerufen, zum Erwecker schlafender Völker zu werden.

Es ist die charakteristische Haltung eines Patrioten in der Welt des Ancien Régime, die in Herders Verhalten zum Ausdruck kommt. Schon in seinem ersten Rigaer Jahr hatte Herder diesen Patriotismus auch in einer geschichtlichen Dimension diskutiert: *Haben wir noch jetzt das Publikum und Vaterland der Alten?*.[13] Herder verneint diese Frage im Hinblick auf das Publikum, indem er auf den sozialen und kulturellen Gegensatz zwischen der kleinen Schicht der Aufgeklärten und dem »großen Haufen« des Volkes verweist. Ein Vaterland zu haben, hält Herder jedoch in neuer Weise für möglich; denn er ist davon überzeugt, daß man es sich »durch Verdienste erwerben« kann.[14] Sein Aufsatz schließt mit einer pathetischen Ode an das Vaterland, sowohl auf Rußland wie auf Riga bezogen und nicht ohne einen Verweis auf Thomas Abbt, den er als patriotischen Schriftsteller verehrte.

---

10 Das., 78-82 und 99-102. Dazu: Mechthild Keller, »Politische Seeträume und geschichtsphilosophische Entwürfe Herders Weg zu Rußland«, in: *West-östliche Spiegelungen*, Bd. 2, hrsg. v. Lew Kopelew, München 1986, 15 ff.

11 Vgl. noch immer: Kurt Stavenhagen, *Herder in Riga*, Riga 1925.

12 *Journal* (Anm. 9), 38 f.

13 Johann Gottfried Herder, *Werke*, 10 Bde.[=HW], Bd. 1: *Frühe Schriften* 1764-1772, hrsg. v. Ulrich Gaier, Frankfurt 1985, 40-55.

14 HW 1, 47 und 52 f.

Obwohl Herder im Jahre 1769 noch mit einer möglichen Rückkehr nach Riga rechnete, hatte er doch seit längerem eine besondere Beziehung zu Deutschland angeknüpft. Sie hatte sich über die neuen Wege der Kommunikation im Zeitalter der Aufklärung entwickelt, den aufblühenden Buchmarkt, die Institution der Zeitschriften, den literarischen Briefwechsel. An der Entwicklung der Literatur in Deutschland hatte Herder schon früh teilgenommen; neben das Lesen trat bald das Schreiben, zunächst in der Form des Briefwechsels mit anderen Gebildeten, sodann auch als eigene Schriftstellerei, und diese wurde zu seinem Berufsideal. Herder kam also zuerst über die Literatur, über das gedruckte und geschriebene Wort in eine nähere Beziehung zu Deutschland. Außerhalb des Reiches innerhalb einer deutschen Sprachinsel lebend, erfuhr er sein potentielles Vaterland Deutschland zuerst als eine Kulturgesellschaft von Lesenden und Schreibenden. Deren gemeinsame Basis war die sich damals erst festigende hochdeutsche Schriftsprache, und das wurde für Herder zu einem Grunderlebnis.

Der Gebrauch der deutschen Sprache, der in vielen Staaten lebende Bevölkerungsgruppen miteinander verband, war als eine verbindende Gemeinsamkeit bisher kaum bewußt gemacht worden, und im Adel und bei den Gebildeten war er zudem durch andere Standessprachen, das Lateinische oder Französische, überdeckt. Diese Gemeinsamkeit hat der junge Herder offensichtlich schon früh als einen nationalen Zusammenhang aufgefaßt. Er betrachtete die Sprachgemeinschaft als ein zusammengehöriges Volk, die schriftsprachliche Kulturgesellschaft als eine nationale Gesellschaft, geprägt durch eine gemeinsame Muttersprache. Daß es auch eine politische Nation in Deutschland gab, das konnte er von Riga aus kaum wahrnehmen.

Es ist für Herder bedeutsam geworden, daß er mit der Thematisierung dieses von ihm erfahrenen ›nationalen‹ Zusammenhangs seinen schriftstellerischen Einstieg in die deutsche Kulturgesellschaft wagte. Ermuntert durch den Rigaer Verleger Hartknoch veröffentlichte er eine *Beilage* zu der damals führenden deutschen Literaturzeitschrift, die von Thomas Abbt, Lessing und Mendelsohn herausgegebenen *Briefe, die neueste Literatur betreffend.* Bemerkenswert der Titel jener »Fragmente«: *Über die neuere deutsche Literatur.*[15] Herder qualifizierte die von ihm besprochene Literatur als ›deutsch‹; er sah sie in einem nationalen Zusammenhang.

Dementsprechend äußerte Herder sich zu der Absicht, die er mit seinen »Fragmenten« verfolgte:[16] Er wollte die gesamte deutschsprachige Literatur in einem eigenen Entwicklungszusammenhang sehen und darstellen. Damit wollte er einen Beitrag leisten zur Aufklärung über den derzeitigen Entwicklungsstand der deutschen Nation. Herder hielt dies für notwendig, weil er nur wenig Zusammenhalt unter den Deutschen sah und nur wenig gemeinsame Interessen. So verwies er auf die gemeinsame Sprache und Literatur, denn er sah in der Sprache die ›Bildnerin der Nation‹. Herder

---

15 HW 1, 161.
16 Vgl. HW 1, 163-172.

skizzierte einen geschichtlichen Überblick über deren Entwicklung und stellte die Bedeutung der Muttersprache besonders heraus. In der zweiten Auflage der ›Fragmente‹ vertiefte er diese Gedanken durch eine sprachphilosophische Betrachtung. Die Sprache sei mehr als nur ein Werkzeug, sie sei der Gedankenspeicher und der Lebensraum einer Nation. Die Erforschung der deutschen Sprache und ihrer Geschichte betrachtete er von daher als eine besondere patriotische Aufgabe.[17]

Die mit diesen ›Fragmenten‹ angesprochene Nation war eine Kulturgesellschaft von Gebildeten. Doch Herders Horizont blieb nicht auf diese Schichten beschränkt. Zur sprachnationalen Gemeinschaft der Deutschen gehörten für ihn in einem besonderen Maße auch die Volksschichten. In ihnen sah er die eigentlichen Träger der Muttersprache.[18]

Bevor Deutschland für Herder zu einem Lebensraum wurde, erlebte er die deutsche Sprachgemeinschaft als einen sozialen Zusammenhang, den er national interpretierte. Auch zu ihr verhielt er sich patriotisch. Der junge Herder hatte als Patriot demnach drei Vaterländer: Riga, Rußland und Deutschland. Hineingeboren war er in keines von ihnen; alle drei hatte er sich durch ›Verdienst erworben‹.

III.

Die große Seereise des Jahres 1769 war für Herder im unmittelbaren Sinne der Weg nach Deutschland. Er vollzog ihn bewußt auch als Patriot. Dafür steht eine Briefstelle aus Paris: »der Patriotismus für Deutschland verstärkt sich in mir nach dem Verhältniß der Örter und Zeiten, statt daß er sich wie bei andern Expatriierten schwächt. Ich lerne beßer urtheilen u. die Deutsche Literatur übersehen, da ich andre Völker kennenlerne, ... um mich einst beßer u. ganzer meinem Vaterlande wiedergeben zu können.«[19] Patriotismus ist, wie man sieht, für Herder schon ein Bekenntnis-Begriff, und sein Vaterland scheint nur noch Deutschland zu sein.

Von den Niederlanden kommend, überquerte Herder im Februar 1770 die Reichsgrenzen. Doch das gesuchte Vaterland Deutschland war erst noch kennenzulernen. Dazu war das Angebot einer Hofmeisterstelle am Eutiner Hof eine ideale Gelegenheit, denn hier wurde im Jahre 1770 eine Reise nach Italien geplant, die quer durch Deutschland führte. Auf den zahlreichen Stationen, von Hamburg bis Straßburg, erlebte Herder die Vielfalt der regionalen Kulturen im deutschen Reich. Er erfuhr jedoch auch die Abgrenzungen zwischen den sozialen Kulturen – Hofgesellschaft, Bildungsgesellschaft, Volk -, die durch die Ständegesellschaft vorgegeben waren. Diese ständischen Gegensätze haben nicht zuletzt auch eine nationale Dimension.

17 Vgl. HW 1, 552-556.

18 Vgl. z.B. HW 1, 558-561.

19 Brief vom 30. November 1769 an Nicolai, in: Johann Gottfried Herder, *Briefe* 1, hrsg. v. Wilhelm Dobbek, Günter Arnold, Weimar 1977 [=Br.]; 1, 175.

Gleichsam zwei Nationen standen sich im zeitgenössischen Deutschland gegenüber: die politisch legitimierte Nation des regierenden Adels, und daneben eine bürgerlich geprägte Nation, die sich aus der aufgeklärten Kulturbewegung heraus neu entwickelte. Da Herder es gewohnt war, Vaterländer von ihren Gesellschaften her zu sehen, wurden diese sozialen Abgrenzungen für ihn in der täglichen Konfrontation mit einer Hofgesellschaft zu einem existenziellen Problem. Es führte dazu, daß Herder in Straßburg sich von der Eutiner Hofgesellschaft absetzte. Er befand sich nun wieder außerhalb des Reiches, in der bürgerlich-akademischen Gesellschaft einer Universitätsstadt, die in jenen Jahren stark von den aktuellen Zeitströmungen in Deutschland geprägt war, literarisch besonders vom ›Sturm und Drang‹.

Im Stile dieser, von Klopstock beeinflußten Literatur verfaßte Herder im Jahre 1770 ein Begrüßungsgedicht *An den Genius von Deutschland*, das für unseren Zusammenhang von Interesse ist.[20]

> Sei vor mir, Vaterlands-, Du Deutschlands Genius!

So beginnt die 17strophige Ode, in der Herder zunächst an die kriegerische Tüchtigkeit der alten Deutschen erinnert, verkörpert in den mythischen Figuren des »Theut und Mann und Hermann«.

Sodann wendet er sich den Deutschen seiner Zeit zu. Von ihnen heißt es:

> Nicht führt ihr Wolkenarm! er führt das tapfre Schwert
> nicht mehr! Allein noch blitzt's!...
> In Haineswipfeln rauscht's. Es schallt
> mit Herz- und Liedesschlägen...

Nicht mehr die Krieger, die Dichter sind es jetzt, in denen der deutsche Genius lebendig ist. Auf deren Tätigkeit geht Herder näher ein. Er bedauert es, daß sie sich von ausländischen Vorbildern abhängig gemacht haben.

> Der freien Deutschen Geist, wie lange soll er seyn
> ein Miethlingsgeist! Soll wiederkäun...
>
> Der freien Deutschen Lied, wie lange soll es sein
> ein Pangeschrei!...

Die deutschen Poeten werden aufgefordert, sich auf das eigene Land und seine Traditionen zu besinnen und diese zum Gegenstand ihrer Dichtung zu machen:

---

20 Johann Gottfried Herder, *Sämmtliche Werke*, hrsg. v. Bernhard Suphan, Carl Redlich u. a., 33 Bde., Berlin 1877 1913, [=SWS] 29, 329-332. Vgl. zum Folgenden vom Verfasser: »Drei patriotische Gedichte Herders«, in: *Zwischen Aufklärung und Restauration. Sozialer Wandel in der deutschen Literatur (1700-1848)*, hrsg. v. Wolfgang Frühwald und Alberto Martino, Tübingen 1989, 211-224.

...‚o Rhein
und Kön'gin Elbe, lieber
sollt ihr die Götter seyn

der Lieder, die nicht Höfen lispeln!...

Der letzte Halbsatz wird wiederholt und damit unterstrichen: Herders Kritik an den Höfen und deren Adelskultur ist nicht zu überhören. Die bürgerliche Gesellschaft ist für ihn das eigentliche Forum des Vaterlandes.

Wir sehen Herder als einen Patrioten im Stile des Klopstock-Kreises. Die altgermanischen Barden, verstanden als Sänger des Volkes, wurden hier zum Vorbild genommen für eine neue deutsche Dichtung, die sich dem Volk und den vaterländischen Traditionen wieder zuwendet.

Ich saß im alten Deutschen Bardenhain
und sah mit Thräne die heilge Mispel vergrünt,

so beginnt ein anderes patriotisches Gedicht Herders aus dem Jahre 1770, in dem seine Akkommodierung an den Stil des Göttinger Hainbundes noch auffälliger, geradezu penetrant zum Ausdruck kommt.[21]

Es fällt auf, daß Herder in seinen Gedichten von 1770 nur den Genius des Vaterlandes anspricht und ihn in Helden und Dichtern verkörpert sieht. Der Patriotismus dieser Jahre war weitgehend literarisch geprägt und insgesamt die Angelegenheit der gebildeten Elite. Er wurde jedoch nicht nur von der Bewegung des Sturm und Drang getragen. In der elementar aufbrechenden Deutschen Bewegung jener Jahre um 1770 sehen wir die erste nationale Bewußtwerdung und Selbstverständigung einer jungen Intelligenzgeneration in Deutschland, für die Herder, vor allem in seiner Straßburger Zeit, eine wichtige Rolle spielte.[22]

Herder jedoch stand nicht nur innerhalb dieser Bewegung, sondern auch über ihr. Er durchschaute das teutonisch-männerbündische Pathos des Göttinger Hainbundes und konnte es ironisieren. In der Deutschlandode heißt es über das Vaterland

Bist mehr als Weiberlieb' und Mann- und Vaterherz
und Brudertreu' und Freundesschmerz,

sodann:

bist Kind und Weib und Mutterschall
und Freundeskreis! Bist wie ein All
der ... großen Mutter *Menschlichkeit*.

---

21 SWS 29, 333-335. Vgl. Christoph Prignitz, *Vaterlandsliebe und Freiheit. Deutscher Patriotismus 1750-1850*, Wiesbaden 1981, 28-34.

22 Vgl. zur Deutschen Bewegung zuletzt und mit neuer Akzentuierung: Otto Dann, »Herder und die Deutsche Bewegung«, in: *Johann Gottfried Herder 1744-1803*, hrsg. v. Gerhard Sauder, Hamburg 1987, 308-340.

Diese Akzentuierung ist bemerkenswert. Herder will das deutsche Vaterland offensichtlich nicht nur in seinen männlichen Helden verkörpert sehen. Zweimal spricht er von der »Mutter Vaterland«, pointiert auch am Schluß. Auch die Kinder gehören dazu. Herder beschreibt ein Vaterland der menschlichen Nähe, das nicht als Idee über den Dingen schwebt, sondern sich konkret als gesellschaftliche Wirklichkeit darstellt und als solche erlebt werden kann.

Diese Tendenz einer Erweiterung und damit auch einer Umprägung des Begriffs vom Vaterland und von der Nation hat vor allem in dem Buch *Von Deutscher Art und Kunst* ihren Niederschlag gefunden, das Herder im Jahre 1773 veröffentlichte, eine Frucht seines Straßburger Aufenthaltes. In seinem *Auszug aus einem Briefwechsel über Oßian und die Lieder alter Völker* feiert Herder die Lieder des ungebildeten Volkes als eine Dichtung, die in einem ursprünglichen Sinne als ›Nationallied‹ bezeichnet werden kann: »der große ehrwürdige Teil des Publicums, der Volk heißt« ist für ihn hier der eigentliche Boden der Nationalkultur, – »das Volk, das mehr Sinne und Einbildung hat, als der studierende Gelehrte«.[23] Der Blick ist nicht auf Deutschland beschränkt; Herders Sammlung von Volksliedern umfaßt mehrere europäische Völker. Der Beitrag *Von Deutscher Baukunst*, den Goethe zu diesem Sammelband beisteuerte, ist ein Plädoyer für eine nationale Sichtweise auch in der Ästhetik der Baukunst: die Gotik des Straßburger Münsters sei die eigentlich deutsche Kunst, die Goethe von der ›welschen‹ Kunst abgrenzt.[24] Mit einem Beitrag von Justus Möser präsentiert Herder auch eine neue Konzeption von der deutschen Geschichte. »Die Geschichte von Deutschland hat meines Ermessens eine ganz neue Wendung zu hoffen, wenn wir die gemeinen Landeigentümer als die wahren Bestandteile der Nation durch alle ihre Veränderungen verfolgen«, so lautet der programmatische erste Satz.[25] In einem kleinen Aufsatz *Über die Reichsgeschichte* hatte Herder schon 1768 dazu aufgerufen, »keine bloße Fürsten- noch Kaiser- noch Papstgeschichte, sondern eine Historie der deutschen Nation zu schreiben«.[26]

In Umrissen wird damit ein neues patriotisches Selbstverständnis, eine neue Konzeption vom Vaterland Deutschland sichtbar: nicht mehr die Adelsnation, sondern das Volk und seine Kultur gelten als der eigentliche Träger der Nation, als Inbegriff des Vaterlandes.

IV.

Die Deutsche Bewegung, in deren Zusammenhang die neue Konzeption von Deutschland als Vaterland entwickelt wurde, hinterließ die offene Frage, wie diese politisch umgesetzt und gesellschaftlich eingelöst werden konnte. Die weiteren Stationen

---

23 *Von Deutscher Art und Kunst*, hrsg. v. H.D. Irmscher, Stuttgart 1977, 54.
24 Anm. 23, 101-104.
25 Anm. 23, 125.
26 SWS 3, 469.

Herders in Deutschland zeigen, daß die Gebildeten auf die Adelsnation angewiesen waren. Auch nationale Reformen konnten nur mit dem regierenden Adel durchgesetzt werden. Herders Reise durch das Reich endete nach den fruchtbaren Monaten in Straßburg im Mai 1771 zunächst am Hof des Grafen zu Schaumburg-Lippe in Bückeburg und fünf Jahre später in der Residenzstadt Weimar. Die Berufspflichten für die Residenz und deren Fürstenstaat und die Wirksamkeit »auf das größere Publikum in Deutschland«[27] stehen fortan für Herder nebeneinander, und von der Spannung und Ergänzung beider ist ein künftiger Begriff vom Vaterland geprägt. Er ist nach wie vor offen.

Nachdem Herder 1770 *An den Genius von Deutschland* dichterisch appelliert hatte, appellierte er im Jahre 1780 anläßlich seiner Thronbesteigung *An den Kaiser*, – also an einen der Höfe, die er zehn Jahre zuvor von den Dichtern gemieden sehen wollte.[28] Noch überraschender der Inhalt dieses vierstrophigen Gedichtes, das er beginnt:

> Oh Kaiser, Du von neun und neunzig Fürsten
> und Ständen, wie des Meeres Sand,
> das Oberhaupt, gib uns, wonach wir dürsten:
> ein Deutsches Vaterland.

Das Vaterland, nach dem Herder seit langem schon unterwegs ist, wünscht er sich nun als ein Geschenk des Kaisers. Das klingt nach allem, was über den antiaristokratischen Stolz des Patriotismus der Deutschen Bewegung gesagt wurde, merkwürdig.

Bei genauerem Hinsehen stehen drei Personengruppen in dem Gedicht nebeneinander: der Kaiser, die Fürsten und das ›wir‹ des Volkes, zu dessen Sprecher sich Herder macht. Er unterscheidet demnach zwischen den aristokratischen Reichsständen, die er nur in ihrer fragwürdigen Vielzahl erwähnt und dann beiseite läßt, und dem Kaiser, dem er eine führende Rolle im Prozeß der Nationsbildung zuschreibt. Er hofft offensichtlich auf ein nationales Bündnis zwischen dem Kaiser und dem Volk, damit gegen die partikularen Interessen der Reichsstände ein politisch geeintes Vaterland durchgesetzt werden kann, – eine verbreitete patriotische Denkfigur.

Herder stellt sich mit seinem Gedicht in diese Tradition. Er erkennt die politischen Machtverhältnisse seines Zeitalters an und benennt die entscheidenden nationsbildenden Schritte genauer:

> . . . gib uns, wonach wir dürsten:
> ein Deutsches Vaterland
>
> und Ein Gesetz und Eine schöne Sprache
> und redliche Religion: ...

27 Br. 1, 187; vom 24. August 1770 an den Bückeburger Grafen.
28 SWS 29, 551.

Herders Erwartungen gehen also über den politisch-gesetzgeberischen Bereich hinaus. Auch für die Durchsetzung einer einheitlichen Schriftsprache und in der Religionspolitik soll der Kaiser die Initiative ergreifen. War die Deutsche Bewegung, die um 1770 so hoffnungsvolle eigenständige Ansätze gemacht hatte, mit ihren Möglichkeiten am Ende? Ihr Höhepunkt war in der Tat überschritten und die sie tragenden Gruppen auseinandergefallen. Herder stand am Weimarer Hof in einer verantwortlichen Position, und die Thronbesteigung des aufgeklärten Sohnes der Maria Theresia führte nicht nur bei ihm zu neuen Hoffnungen auf eine patriotische Initiative aus Wien.[29]

Man darf in dieser Linie der Interpretation jedoch nicht zu weit gehen. Herder bringt nicht nur die Hoffnung auf eine Nationsbildung ›von oben‹ zum Ausdruck. Er schrieb sein Gedicht als einen Widmungstext, mit dem er Kaiser Joseph II. seine Abhandlung *Vom Einfluß der Regierung auf die Wissenschaften* zusandte, für die er im Jahre zuvor von der Berliner Akademie einen Preis erhalten hatte.[30] In dieser Abhandlung werden die Wissenschaften nicht als ein Objekt der Regierungspolitik gesehen, vielmehr als eine sich nach eigenen Gesetzen entwickelnde Institution, die der staatlichen Förderung bedarf, dann aber auf den Staat zurückwirkt. Nicht zu übersehen ist in diesem Zusammenhang Herders Lob der antiken Stadtrepublik Athen, in der die Wissenschaften ›Volkswissenschaften‹ waren und ihre höchste Blüte erlebten – in einem Land, »das sich von seinen kleinen Tyrannen allmählich losriß und mit einer *neuen* Regierung auch *neue* Wissenschaften und Künste sichtbar machte«.[31] Hatte man eine solche Stelle bei der Preisverleihung in Berlin übersehen?

Obwohl Herder deutlich gemacht hatte, daß eine Republik im Stile der athenischen Demokratie für ihn wohl noch immer das Ideal eines Vaterlandes darstellte, blieb er auf dem Boden der mitteleuropäischen Gegebenheiten und setzte als deutscher Patriot auf den Kaiser, dem er zurief:

> Vollende Deines Stammes schönste Sache
> auf Deines Rudolphs Thron,
>
> daß Deutschlands Söhne sich wie Brüder lieben,
> und deutsche Sitt' und Wissenschaft
> von Thronen, ach, so lange schon vertrieben,
> mit unsrer Väter Kraft
>
> Zurückekehren, ...

Nur durch eine Mitwirkung des Volkes, speziell seiner gebildeten Kreise, kann sich Herder ein Aufblühen des Vaterlandes vorstellen.

---

29 Vgl. Karl Otmar von Aretin, *Heiliges Römisches Reich. 1776-1806*, Bd. 1, Wiesbaden 1967, 147-162.

30 Vgl. den biographischen Zusammenhang bei Rudolf Haym, *Herder nach seinem Leben und seinen Werken*, Bd. 2, Berlin 1885, 116-125.

31 SWS 9, 324.

Im Jahre 1787 ergab sich für Herder eine geradezu ideale Gelegenheit für eine solche Zusammenarbeit. Im Zusammenhang des Projektes eines Deutschen Fürstenbundes entwickelte Markgraf Karl Friedrich von Baden, ein führender Aufklärer unter den deutschen Fürsten, die Idee der Gründung einer Deutschen Akademie, und er wandte sich an Herder mit der Bitte um die Ausarbeitung eines Gutachtens. Karl August von Sachsen-Weimar, Herders Landesherr, unterstützte diese Bitte, und so machte sich Herder an die Arbeit und konnte den beiden Fürsten im Dezember 1787 sein Gutachten, das den Plan für eine nationale Akademie enthielt, übersenden.[32]

Herder analysiert zunächst die nationale Situation seines Vaterlandes. Er verweist auf dessen politische Zerrissenheit: »Durch alle Jahrhunderte hin ... war unser Vaterland ein Staatskörper, der seine eigenen Kräfte nicht immer kannte, sie also auch nicht zu Einem gemeinschaftlichen Zweck...anwenden konnte«. Herder betont sodann »das Mißverhältniß unserer Deutschen Provinzen gegen einander in den Graden der Aufklärung«; sieht hier jedoch durch die Aufklärungsbewegung, ihre Gesellschaften und Zeitschriften hoffnungsvolle Ansätze und stellt fest, daß es »an einem *Vereinigungspunkt...zur allgemeineren, praktischen Geistes- und Sittenkultur* fehlet«. Von daher sieht er es als den wichtigsten Zweck der geplanten »*Teutschen Akademie*« an, zu einer »Vereinigung der getheilten, zum Teil unbekannten und zerstreuten Kräfte zu Einem Ziel der patriotischen Aufklärung« beizutragen.[33]

Es ist interessant zu sehen, daß Herder in seinem Gutachten immer wieder den Begriff ›Kommunikation‹ verwendet, die es zu befördern gelte. Er verweist vor allem auf die Kultur der Sprache und schlägt vor, daß »unsere reinere Büchersprache immer mehr die Sprache der feineren Gesellschaften und jedes öffentlichen Vortrages zu werden sucht, da sie bisher von diesem allgemeinen Gebrauch noch weit entfernt gewesen: denn bekanntermaßen wird unsere Büchersprache, im reinsten Sinne genommen, beinahe nirgend geredet. ... Die wachsende Cultur unseres Vaterlandes kann also keinen anderen Weg nehmen, als diese geläuterte Büchersprache unter feineren Menschen aller Deutschen Provinzen gemein zu machen, ... von der Orthographie und Interpunktion an bis zu den feinsten Wendungen des Styls,...[34] Herder hat gewiß die nationsbildende Bedeutung der Academie Française vor Augen, wenn er betont: »Unglaublich viel trägt eine geläuterte, durch Regeln bestimmte Sprache zur festen, bestimmten Denkart einer Nation bei; denn es ist ein Zeichen, daß wir uns selbst gering achten, solange wir uns gegen uns und gegen andere Nationen unserer Sprache schämen«.[35]

In organisatorischer Hinsicht werden für die geplante Akademie drei Sektionen vorgeschlagen: für die Kultur der Sprache, für ›Deutschlands Geschichte‹ und für

32 Br. 5, 254-256, Nr 242 u. 244. Vgl. Friedrich von Weech, »Der Versuch der Gründung eines Institutes für den Allgemeingeist Deutschlands«, in: *Preußische Jahrbücher* 21, 1868, 682-702.

33 SWS 16, 600, 602 f., 606 f.

34 SWS 16, 605.

35 SWS 16, 604 f. 36 SWS 16, 604.

»[a]lles, was zur *thätigen Philosophie* der Nationalbildung« gehört, so z.B. »jeder praktische Versuch und Vorschlag zur beßern Erziehung der Fürsten, des Adels, des Landmannes und Bürgers«.[36] Die ersten Mitglieder der Akademie, zumeist von den Landesherren berufen, sollen sich in Provinzialversammlungen organisieren und zu einer jährlichen nationalen Versammlung »mitten in Deutschland« vereinigen. Ein »*Jahrbuch des Deutschen Nationalgeistes*« soll deren Ergebnisse bekanntmachen. Die Initiative zu dieser Akademie müsse von den Fürsten ausgehen, die auch deren weitere Erhaltung sicherzustellen haben; in ihrer weiteren Arbeit und ihrer personellen Ergänzung jedoch solle die Akademie autonom sein.[37]

Nachdem Herder sein Gutachten im Dezember 1787 versandt hatte, setzte im ersten Halbjahr 1788 eine lebhafte diplomatische Tätigkeit ein, die im einzelnen noch nicht erforscht ist. Im Juli dieses Jahres wurde Herder vom badischen Markgrafen erneut um eine Stellungnahme gebeten, konnte jedoch »als einer, der sich schon jenseits der Alpen fühlet, diesen rühmlichen Bemühungen für unser Deutsches Vaterland leider nichts, als meine besten u. aufrichtigsten Wünsche schenken«.[38] Zwei Wochen später befand er sich auf der Reise nach Italien.

Das Akademieprojekt stellt den Punkt dar, in dem Herders deutscher Patriotismus und aufgeklärte Fürstenpolitik im Rahmen des alten Reiches am weitesten zusammenliefen. Obwohl in diesem Projekt die politische Verfassung Deutschlands unberührt blieb, wird durch dessen praktische Orientierung und die aktive Rolle einiger Fürsten ein patriotisches Projekt in Umrissen sichtbar, das sich von der ›Deutschen Gelehrtenrepublik‹, die Klopstock im Jahre 1772 vorschlug, charakteristisch unterschied. Die Mitglieder der Fürstennation und der Nation der Gebildeten wollten sich hier vereinigen, um Deutschland als eine Kommunikationsgemeinschaft neu und besser zu konstituieren. Herder bezeichnete dies in dem ersten Satz seines Gutachtens als »die Einrichtung einer Nation zur allgemeinen Wohlfahrt«, und sieht darin wohl zu recht »die höchste, schwerste und nützlichste Kunst der Menschen«.[39]

V.

Im Juli 1789 war Herder ein letztes Mal als Reisender auf dem Wege nach Deutschland. Von Italien kommend, vollzog er diesen Weg nach Deutschland wiederum sehr bewußt: »Außerordentlich wohl hat mirs gethan«, schreibt er aus Nürnberg,[40] »seit ich wieder in Deutschland bin, nach welchem Lande ich mich zuletzt gesehnt habe, daß mir Speise, Trank und Schlaf nicht mehr gefielen. O wie mich die Alpen er-

36 SWS 16, 609.
37 SWS 16, 611-616.
38 Br. 5, 303.
39 SWS 16, 600.
40 Br. 6, 166; an seine Frau.

quickten! Aber vom ersten Kaiserlichen Zollamt begleitete mich ein Gewitter ...«. Ein politisches Gewitter war vor kurzem über Frankreich herniedergegangen, und durch dessen Auswirkungen sowie die Reaktion der deutschen Fürsten wurde Deutschland schon bald in eine tiefe nationalpolitische Krise gestürzt. An ein weiteres Verfolgen des Akademieplanes war nicht zu denken. Zu Ostern 1793 übergab Herder in den *Briefen zu Beförderung der Humanität* Hauptgedanken des Gutachtens von 1787 der Öffentlichkeit. Nach seinem Tod erschien es vollständig unter dem Titel *Idee zum ersten patriotischen Institut für den Allgemeingeist Deutschlands* im letzten Band der *Adrastea*.[41]

Auch für Herder war die Französische Revolution eine große nationalpolitische Herausforderung. Wie nur wenige seiner Zeitgenossen hat er sich dieser Herausforderung gestellt. Die *Briefe zu Beförderung der Humanität*, die er seit 1792 in Sammlungen herausgab, waren seine wichtigste literarische Antwort. In diesen Sammlungen tritt der Vergleich zwischen Deutschland und seinen Nachbarn stark in den Vordergrund, vor allem der Vergleich mit dem Nachbar jenseits des Rheins.[42] Herder bringt damit einen europäischen Zusammenhang zum Ausdruck, der von Sammlung zu Sammlung stärker wahrzunehmen und der zu sehen ist auf dem Hintergrund seines Leidens am Zustand seiner eigenen Nation. 1795 schreibt er: »In Deutschland ist alles wund«.[43] Ähnliche Urteile häufen sich innerhalb der deutschen Intelligenz. »Deutschland? Aber wo liegt es? Ich weiß das Land nicht zu finden ...«. Goethes und Schillers Xenie ist der geläufigste Beleg für das Verzweifeln an Deutschland in jenen Jahren.

In der fünften Sammlung seiner *Briefe zu Beförderung der Humanität* nahm Herder ein Thema seiner patriotischen Jugendzeit wieder auf, den Titel *Haben wir noch das Publikum und Vaterland der Alten?* Der Inhalt ist völlig verändert; gegenüber den Idealisierungen des Jünglings nun die Erfahrungen des Mannes. In seiner Antwort auf den ersten Teil der Titelfrage kommt Herder zu einem negativen Ergebnis: es gebe im zeitgenössischen Deutschland »*kein vaterländisches Publikum*«. Als Gründe nennt er die politische Situation: »an der Verfassung der Nation liegt es«.[44] Er verweist auf die soziale Kluft zwischen den Ständen der Gesellschaft, »indem seit einem Jahrhunderte die sogenannten obern Stände eine völlig fremde Sprache angenommen, eine fremde Erziehung und Lebensweise beliebt haben«.[45]

Auf die Frage nach dem Vaterland fällt Herders Antwort anders aus. Hier verweist er zunächst darauf, daß es den Griechen gelungen war, trotz ihrer politischen Zer-

---

41 HW 7: *Briefe zu Beförderung der Humanität*, hrsg. v. Hans Dietrich Irmscher, Frankfurt/M. 1991, 33-35. – SWS 16, 600, Anm.1; vgl. dazu 18, 527; 23, V u. 24, 374.

42 Beginnend mit der 3. Sammlung, steigert sich der Vergleich bis zur 9. Sammlung, die dem Vergleich mit Frankreich gewidmet ist.

43 Br. 7, 173; an Georg Müller in der Schweiz.

44 HW 7, 306 u. 327. Vgl. Hans Dietrich Irmscher, »Herder über das Verhältnis des Autors zum Publikum«, in: *Bückeburger Gespräche über Johann Gottfried Herder* 1975, hrsg. v. Johann Gottfried Maltusch, Rinteln 1976, 99-138, Irmscher beschränkt den Vergleich der Herderschen Aufsätze von 1765 und 1795 auf die erste Titelfrage.

45 HW 1, 306.

splitterung und Vielfalt sich ein »*moralisches Vaterland*« als politische und kulturelle Gemeinschaft aufzubauen. Er zeigt, wie sich ein solches Vaterland konstituiert: über die Familien, die ›kleinen Gesellschaften‹, die Gemeinden, schließlich die Städte und Staaten. Die »*bürgerliche Einrichtung*« sei die Basis eines solchen Vaterlandes.[46] In einer *guten Verfassung*, die »Gesetzmäßige Freiheit und Sicherheit« garantiert,[47] sieht Herder das wichtigste Merkmal für das Wohl des Vaterlandes. Herders Vaterlandsbegriff ist demnach in erster Linie politisch geprägt.

Zur Erklärung des politischen Vaterlandsverbandes gebraucht Herder sodann das Bild eines auf See befindlichen Schiffes. Alle, die an Bord sind, bilden hier eine Solidargemeinschaft, die jeden einzelnen in die Pflicht nimmt. Zum Schluß heißt es: »Nicht zu grübeln hast Du über Dein Vaterland, denn Du warest nicht sein Schöpfer; aber mithelfen mußt Du ihm, wo und wie Du kannst, ermuntern, retten, bessern, und wenn Du die Gans des Kapitoliums wärest.«[48]

Schließlich gebraucht Herder zur Verdeutlichung seines Begriffs vom Vaterland die Metapher von der Kette. Sie verdeutlicht den kommunikativen Zusammenhang, der ein Vaterland, eine Nation, konstituiert: »eine Kette fortgehender Glieder, die gegeneinander Brüder, Schwestern, Verlobte, Freunde, Kinder, Eltern sind«.[49] Über das nationale Vaterland hinaus verweist Herder sodann auf eine andere Kette. Durch sie werden die einzelnen Vaterländer und Nationen zu einer Gemeinsamkeit verbunden. Herder bringt die Überzeugung zum Ausdruck, daß nicht mehr ein allgemeiner Eroberungsgeist diesen Zusammenhang stiftet; denn: »Alle Völker Europa‹s, (andere Weltteile nicht ausgeschlossen,) sind jetzt im Wettstreit, nicht der körperlichen, sondern der *Geistes- und Kunstkräfte* miteinander.« Durch den nicht mehr aufzuhaltenden Fortschritt der Kultur und der Wissenschaft seien sie miteinander verbunden, »eine ziehende Kette, der zuletzt kein einzelner Ring sich widersetzen mag, wenn er auch wollte«.[50]

Im Lichte dieser Argumentation schließt Herder seinen Beitrag über den Begriff des Vaterlands mit einigen Fragen: »Müßte Ein Vaterland notwendig gegen ein anderes, ja gegen *jedes* andere Vaterland aufstehen, das ja auch mit denselben Banden seine Glieder verknüpfet? Hat die Erde nicht für uns alle Raum? Liegt ein Land nicht ruhig neben dem andern? Kabinette mögen einander betrügen; politische Maschinen mögen gegeneinander gerückt werden, bis Eine die andere zersprengt. Nicht so rücken *Vaterländer* gegeneinander; sie liegen ruhig nebeneinander, und stehen sich als Familien bei. *Vaterländer gegen Vaterländer* im Blutkampf ist der ärgste Barbarismus der

46 HW 7, 330 f.
47 HW 7, 333.
48 HW 7, 334 f. Vgl. die charakteristische Formulierung:«Das Wort *Vaterland* hat das Schiff am Ufer flott gemacht«.
49 HW 7, 337.
50 HW 7, 336.

menschlichen Sprache.«[51] Um den Idealismus im Friedensdenken der Aufklärung bloßzustellen, wurden diese Sätze schon häufig zitiert – sowohl in der Zeit des militanten Nationalismus als auch heute im Zeichen einer billigen, besserwissenden Kritik. Weil er wohl selbst skeptisch genug war angesichts des seit 1792 ununterbrochen Kriege führenden Europa, ging Herder auf der Suche nach einem Friedensmodell über Europa hinaus zu den ›unterentwickelten‹ Völkern, und er fand es schließlich in der Institution der Friedensfrau der Irokesen in Nordamerika.[52]

51 HW 7, 337 f.
52 HW 7, 714-726.

JOST SCHNEIDER (Bochum)

GENIEKRITIK UND GLAUBENSZWEIFEL

Das Problem der Aufrichtigkeit bei Herder

> Wenn alle Menschen sich bei der Hand fassen, ist Gott fertig.
>
> Friedrich Hebbel, Tagebücher (1846)

Im Jahre 1778, auf dem Höhepunkt der ›Geniezeit‹, legt Johann Gottfried Herder mit seiner Abhandlung *Vom Erkennen und Empfinden der menschlichen Seele* eine wahrhaft unzeitgemäße, provokant-offensive Streitschrift vor, in der er neben anderen Mode- und Meisterdenkern seiner Zeit auch Lavater attackiert, der im gleichen Jahr den vierten Band seiner *Physiognomischen Fragmente* publiziert, worin das Genie in überschwenglicher Weise als »propior Deus«[1] gefeiert und mit den Attributen der ›Unerziehbarkeit‹ und der Unsterblichkeit versehen wird:

> Wo Wirkung, Kraft, That, Gedanke, Empfindung ist, die von *Menschen nicht gelernt und nicht gelehrt werden* kann – da ist *Genie.*[2]
> ... Unnachahmlich und über allen Schein von Nachahmlichkeit erhaben ist das Werk des reinen Genius. Unsterblich ist alles Werk des Genies, wie der Funke Gottes, aus dem es fließt.[3]

Gegen das Postulat der Unlernbarkeit zieht Herder am Ende seiner Abhandlung, deren erster Teil bereits einen deutlichen Seitenhieb gegen Lavater enthält[4], mit dem Argument zu Felde, daß schon Helvétius »unwidersprechlich bewiesen [habe], daß es eigentlich gar *kein Genie* [angebohrne Naturart] gebe, sondern daß wir alle als gleiche Plattköpfe auf der Welt erscheinen, Alles komme darauf an, wie wir dressirt werden und welchen Fraß wir, Genie zu *werden*, erwischen.«[5] Und auch im Hinblick auf die Unsterblichkeit des ›propior Deus‹ zeigt sich Herder skeptisch, denn »[a]lles sogenannte *reine Denken* in die Gottheit hinein, ist Trug und Spiel, die ärgste Schwärmerei, die sich nur selbst nicht dafür erkennet.«[6]

---

1 Johann Caspar Lavater, *Physiognomische Fragmente, zur Beförderung der Menschenkenntniß und Menschenliebe. Vierter Versuch,* Leipzig u. Winterthur 1778, 81.

2 Lavater (Anm. 1), 80.

3 Lavater (Anm. 1), 82.

4 Johann Gottfried Herder, *Vom Erkennen und Empfinden der menschlichen Seele. Bemerkungen und Träume, Sämmtliche Werke,* hrsg. Bernhard Suphan [= SWS], Berlin 1892, 8, 181. Herder ordnet hier die Autobiographie der Physignomik über.

5 SWS 8, 222.

6 SWS 8, 233.

Schon in seinem Shakespeare-Aufsatz von 1771 hatte Herder keinen Zweifel daran gelassen, daß es nicht so sehr göttliche Inspiration als vielmehr aufmerksame Welt- und Geschichtsbeobachtung waren, die ein genialisches Werk entstehen ließen, denn »Shakespear [ist] der größte Meister, eben weil er nur und immer Diener der Natur ist«[7]. Nur weil er sich nicht an obsoletem poetischem Regelwerk orientierte, sondern aus Natur und Geschichte zu lernen vermochte, konnte er also das Neue, seiner Zeit Gemäße schaffen. Gerade diese Zeitbezogenheit verbietet es dann aber, seine Werke als unsterblich zu bezeichnen, und so beschließt Herder seinen Shakespeare-Aufsatz mit dem »[t]raurige[n] und wichtige[n]«[8] Gedanken, »daß auch dieser grosse Schöpfer von Geschichte und Weltseele immer mehr veralte«[9] und daß sein Drama vielleicht schon bald »ein Trümmer von Kolossus, von Pyramide seyn wird, die Jeder anstaunet und keiner begreift!«[10]

An seine Kritik der Shakespeare-Vergötterung[11] und des Genie-Kultes à la Lavater konnte Herder anknüpfen, als ihm Ende der 80er Jahre in Gestalt der ästhetischen Theorie von Karl Philipp Moritz eine neue Variante der Genie-Panegyrik begegnete. Mit dem produktionsästhetisch-kunsttheoretischen Aspekt derselben war Herder längst fertig geworden. Was er in seiner Schrift *Vom Erkennen und Empfinden der menschlichen Seele* über den Vernunftkult schreibt, läßt sich ohne weiteres auch auf den Kult des Genies übertragen:

> Meistens ist diese *'Geburt unsrer Vernunft'* den Weisen unsrer Welt so unanständig, daß sie sie ganz verkennen und ihre Vernunft als ein eingewachsenes, ewiges, von allem unabhängiges, untrügliches Orakel verehren. Ohne Zweifel gingen diese Weisen nie im langen Kleide, lernten nie sprechen, wie ihre Wärterinnen sprachen, oder haben vielleicht gar keinen eingeschränkten ›Empfindungskreis,‹ keine *Mutter-* und *Menschensprache.* Sie sprechen wie die Götter, d.i., sie *denken rein* und erkennen ätherisch, daher denn auch nichts als Götter- und Vernunftsprüche von ihren Lippen kommen können. Alles ist ihnen angebohren, eingepflanzt, der Funke untrüglicher Vernunft, ohne einen Prometheus, vom Himmel gestohlen. Laß sie reden und ihre Bildwörter anbeten, sie wissen nicht, was sie thun.[12]

Moritzens Abhandlung *Über die bildende Nachahmung des Schönen* mit ihrer Apotheose des bildenden Genies, das »im grossen Plane der Natur zuerst *um sein selbst,* und dann erst um unsertwillen da [ist]«[13], konnte für Herder nur »ein verwirrtes

7 Johann Gottfried Herder, *Shakespear,* SWS 5, 222.

8 SWS 5, 231.

9 SWS 5, 231.

10 SWS 5, 231.

11 SWS 5, 208: »... die kühnsten Freunde Shakespears haben sich meistens nur begnüget, ...ihm als Angeklagten das *absolvo* zu erreden, und denn sein Grosses desto mehr zu vergöttern, je mehr sie über Fehler die Achsel ziehen musten.«

12 Herder, *Vom Erkennen und Empfinden* (Anm. 4), 198. – Vgl. auch: Johann Gottfried Herder, *Ideen zur Philosophie der Geschichte der Menschheit,* hrsg. Martin Bollacher (= J.G.H.: *Werke in zehn Bänden,* hrsg. Martin Bollacher u.a. Bd. 6). Frankfurt a.M. 1989, 336ff.

13 Karl Philipp Moritz, *Schriften zur Ästhetik und Politik, Kritische Ausgabe,* hrsg. Hans Joachim Schrimpf, Tübingen 1962, 77.

Ding«[14] sein. Nach seiner Auffassung hatte Moritz als ein »gedrücktes, krankes Wesen«[15] in ihr eine Philosophie artikuliert, die darauf abzielte, das schaffende Genie Goethe »als das Summum der Menschheit zu vergöttern.«[16] Und Goethe, so berichtete Caroline Herder ihrem Gatten wenige Wochen später in einem Brief nach Rom, schien sich dies nach ihrem Eindruck gerne gefallen zu lassen, denn »[e]r fühlt sich als ein höheres Wesen, das ist wahr ...«[17], schien also zu vergessen, daß auch er ›im langen Kleide‹ gegangen war.

Nicht Herders Frontstellung gegen die ›reine‹ Ästhetik von Moritz (und – m. E. – Goethe) verdient aber hierbei näheres Interesse, denn sie steht grundsätzlich in Einklang mit der schon Jahre zuvor formulierten Geniekritik (s.o.). Bemerkenswert ist vielmehr, daß Herder diesem Konflikt eine theologische Dimension verleiht, indem er aus der Genie- eine Gotteskritik werden läßt. In seinem Brief an Caroline vom 21.2.1789 schreibt er über das Moritzsche Gedankengebäude: »... mir ist diese ganze Philosophie im feinsten Organ zuwider: sie ist selbstisch, abgöttisch, unteilnehmend u. für mein Herz desolierend. Ich mag die Öde nicht, in der auch ein Gott um sein selbst willen allein exsistieret.«[18]

Herder rekurriert sicherlich auf die oben zitierte Passage aus der Abhandlung von Moritz; ›Gott‹ ist hier zunächst das schaffende Künstlergenie. Aber gilt nicht auch umgekehrt für den wahren Gott, was hier vom ›second maker‹ behauptet wird? Nur wenige Tage später, in seinem vielzitierten Brief an Caroline vom 7.3.1789, kommt Herder jedenfalls erneut auf seine Kritik an Moritz und Goethe zu sprechen. Und erneut verwendet er vieldeutige Formulierungen, die den kunsttheoretischen Konflikt transzendieren und eine eher theologische Fragestellung in den Vordergrund rücken: »Hole der Henker den Gott, um den Alles ringsumher eine Fratze sein soll, die er nach seinem Gefallen brauchet; oder gelinder zu sagen, ich drücke mich weg von dem großen Künstler, dem Einzigen rückstrahlenden All im All der Natur, der auch seine Freunde u. was ihm vorkommt bloß als Papier ansieht, auf welches er schreibt, oder als Farbe des Paletts, mit der er malet.«[19]

Ist hier von Goethe die Rede, vom Genie oder – von Gott? Es ist daran zu erinnern, daß die beiden Pole Genie und Gott nicht nur von einer, sondern von zwei Seiten her einander angenähert worden waren. Nicht nur war der Künstler zum ›propior Deus‹ erhoben worden, sondern umgekehrt war auch Gott – gerade von Herder – immer wieder nach alter Tradition als ›Deus artifex‹, als Baumeister, Dichter oder Töpfer dar-

---

14 Johann Gottfried Herder. *Italienische Reise. Briefe und Tagebuchaufzeichnungen* 1788-1789, hrsg., komment. u. mit einem Nachw. vers. Albert Meier u. Heide Hollmer, München 1988, 359.

15 Herder (Anm. 14), 334.

16 Herder (Anm. 14), 334. – Vgl. 350. Zu den Motiven für Herders Goethe-Kritik vgl. auch 295 u. 335 sowie 264 u. 349.

17 Herder (Anm. 14), 364. Vgl. ebd., 334 u. 349.

18 Herder (Anm. 14), 350.

19 Herder (Anm. 14), 369.

gestellt worden.[20] Auffällig ist dies schon in der Bückeburger Schrift, worin der Schöpfer zwar überwiegend als Gärtner oder Sämann, zugleich aber auch mehrfach als Künstler charakterisiert wird. Seine Schöpfung wird u.a. mit einem Drama[21] einer Epopöe[22] und einem Gemälde[23] verglichen, so daß hier wirklich das Bild eines Künstlergottes entsteht, der die Menschen womöglich ›bloß als Papier ansieht, auf welches er schreibt, oder als Farbe des Paletts, mit der er malet‹. Der Einzelne wäre dann ausschließlich ein Mittel in den Händen des Allmächtigen, der die Welt als Ganzes »zu *seinem* Lustanblicke«[24] geschaffen haben könnte, ohne dem Wohl oder Wehe der Menschheit überhaupt Beachtung zu schenken.

Wie konnte aber bewiesen werden, daß die Schöpfung nicht nur dem narzißtischen Selbstgenuß Gottes dient, sondern daß Gott es gut mit seinen Geschöpfen meint und letztendlich – wie es Leibniz in seiner *Theodizee* formulierte – »das Heil aller Menschen will«[25]? In immer neuen Anläufen hat Herder zu erweisen versucht, daß diese Schreckensvision eines ganz auf sich selbst konzentrierten Gottes jeder Grundlage entbehrt.

In der Bückeburger Schrift bedient er sich hierzu vor allem eines partiellen Agnostizismus, indem er »die *Eingeschränktheit* meines Erdpunktes«[26] als »Bürge«[27] dafür nehmen will, »daß ich Nichts, das *Ganze* aber *Alles* sey!«[28] So läßt sich gegen alle Zweifel der Glaube verteidigen, daß der Mensch auf seiner Stelle zugleich »*Zweck und Werkzeug des Schicksals*«[29] sei. ›Unherderisch‹ ist freilich das hierbei erforderliche Mißtrauen in die dem Menschen gegebenen Erkenntnismöglichkeiten, die doch auch als Gaben eines gütigen Gottes verstanden werden sollten. Der Gott der Bückeburger Schrift ist verborgener, als er nach Maßgabe der Herderschen Epistemologie eigentlich sein dürfte, und so blieb es im Grunde unausgemacht, ob der Schöpfer tatsächlich die *"Glückseligkeit der Menschheit"* [30] und nicht bloß seine eigene im Auge hatte, als er das Weltall erschuf und nach seinem Plan einrichtete.

In den *Ideen* sucht Herder deshalb nach deutlicheren, dem Menschen erkennbaren Zeichen dafür, daß »die Vorsehung aufs Wohlsein ihrer Geschöpfe ... als auf ihren

---

20 Hierzu siehe: Ernst Robert Curtius, *Europäische Literatur und lateinisches Mittelalter*, 9. Aufl., Bern u. München 1978, 527-9 (= Exkurs 21: *Gott als Bildner*).

21 Johann Gottfried Herder, *Auch eine Philosophie der Geschichte zur Bildung der Menschheit. Beytrag zu vielen Beyträgen des Jahrhunderts*, siehe SWS 5, 559.

22 SWS 5, 559.

23 SWS 5, 585.

24 SWS 5, 560.

25 Gottfried Wilhelm Leibniz. *Die Theodizee. Von der Güte Gottes, der Freiheit des Menschen und dem Ursprung des Übels* (= G.W.L., *Philosophische Schriften*. Bde. 2.1 und 2.2), hrsg. u. übers. Herbert Herring, Darmstadt 1985, hier: 2.1, 37.

26 Herder, *Auch eine Philosophie der Geschichte* (Anm. 21), 584.

27 SWS 5, 585.

28 SWS 5, 585.

29 SWS 5, 557.

30 SWS 5, 584.

letzten und Hauptendzweck gerechnet [hat]«[31]. In den beiden ersten, anthropologisch-naturphilosophischen Teilen des Werkes scheint ihm dies auch zu gelingen. Die »erhabne Göttergestalt«[32] des Menschen und die schöne Vielfalt der Naturerscheinungen beweisen nach Herder, daß der Mensch die »besondre Huld«[33] seines Schöpfers genießt und daß die Welt eine *"Welt Gottes"*[34] ist. Das ›Wohlsein‹ der Menschheit scheint – wie bei Leibniz – ein Endzweck der Vorsehung zu sein. Kaum überwindliche Schwierigkeiten tauchen jedoch auf, als Herder sich in den nachfolgenden Teilen der *Ideen* von den Spuren des Schöpfers in seiner Schöpfung abwendet und den *"Gang Gottes über die Nationen"*[35] nachzuzeichnen versucht. Von einem ›Gang‹ kann nämlich kaum die Rede sein, da Gott lediglich als Bedingung der Möglichkeit von Geschichte überhaupt fungiert, indem er dem Menschen »sein eigenes Schicksal in die Hände gegeben [hat].«[36] Die wenigen göttlichen Gesetze, die der Freiheit des Menschen eine Schranke setzen[37], können hierbei nicht darüber hinwegtäuschen, daß die Spuren des Schöpfers in der *Geschichte* nur sehr schwach ausgeprägt, ja geradezu ›unleserlich‹ sind, während sich derselbe Schöpfer in der *Natur* auf recht vernehmliche, unüberhörbare Weise artikuliert. Derselbe Gott, der Planeten geformt, Bergmassive aufgehäuft und Meeresfluten gelenkt hat, zeigt sich gegenüber dem ›Geschichtsstoff‹ als ein äußerst zaghafter und zurückhaltender Gestalter, dessen Anteil am Schaffensprozeß fast ganz auf die Bereitstellung ›geeigneter‹ Materialien beschränkt bleibt. Auch wenn man von der – gewiß strittigen und interessanten, hier aber nicht relevanten – Frage nach dem Bösen in der Geschichte absieht, kann man zu der Auffassung gelangen, daß Herder im dritten und vierten Teil der *Ideen* (nolens volens) einen fragwürdigen, problematischen Gott zeichnet, dem es genügt, die Welt für den Menschen und den Menschen für die Welt ausgestattet zu haben[38], und der jede Art von nachträglicher Korrektur oder ›Reparatur‹ für überflüssig hält. Zwar kann er sich – immer nach Herder – darauf berufen, daß er der Welt in Gestalt der Nemesis und anderer ›Naturgesetze‹ ein ›Selbstkorrektursystem‹ mitgegeben hat, aber es entsteht hier dennoch beinahe das Bild eines Urhebergottes, der eine prästabilierte *potentielle* Harmonie zwischen Welt und Menschen kreiert und den es dann nicht weiter interessiert, ob der Mensch durch einen bestimmungsgemäßen Gebrauch der ihm verliehenen Gaben (Freiheit, Vernunft usw.) aus der möglichen eine tatsächliche Harmonie (Zustand der ›Beharrung‹) ent-

---

31 Herder, *Ideen* (Anm. 12), 12.
32 (Anm. 12), 115
33 (Anm. 12), 115.
34 (Anm. 12), 24.
35 Herder, *Philosophie der Geschichte* (Anm. 21), 565.
36 Herder, *Ideen* (Anm. 12), 630.
37 (Anm. 12), 627-671.
38 Vgl. schon Herders Formulierung in seiner Rigaer Predigt über *Die Haushaltung Gottes bei Menschlichen Angelegenheiten* vom 24.5.1769: »Gott setzte uns auf die Welt, er bereitete uns auf sie, und die Welt für uns zuvor« (SWS 32, 503). – Vgl. ebd., 505.

stehen läßt. Auch der Gott der *Ideen* steht deshalb noch unter dem Verdacht, sich lieber kurzfristig in narzißtischem Selbstgenuß an seiner Kraft zu vollkommener Schöpfung zu erfreuen als langfristig Anteil am Geschick der von ihm in die Welt ausgesetzten Menschen zu nehmen.

Eine solche Anteilnahme konnte auf vier verschiedene Weisen erfolgen, und zwar durch das Wunder, durch die Epiphanie, durch die direkte eigene ›Beteiligung‹ am Weltgeschehen (Spinozismus) oder durch Äußerungen der Sorge.

Das Wunder hat der – hier strikt aufklärerische – Geschichtsphilosoph Herder bekanntlich niemals akzeptiert, – diese Möglichkeit war also für ihn indiskutabel. Eine Epiphanie erkannte er dagegen natürlich an, jedoch nur als die eine und einzige Erscheinung Christi, nach der eine zweite nicht mehr gefordert werden durfte. Beide Arten der Bezeugung göttlicher Anteilnahme am menschlichen Geschick hatten also keinen bzw. nur einen eingeschränkten Platz in Herders philosophisch-theologischem Konzept. Sie waren nicht in ausreichendem Maße geeignet, die in der Geniekritik gespiegelte Schreckensvision eines narzißtischen Urhebergottes *hic et nunc* zu bannen.

Anders steht es mit den beiden letztgenannten Varianten der Anteilnahme. Den spinozistischen Weg hat Herder in seiner Schrift *Gott* erprobt, und einen sich sorgenden Menschenerschaffer finden wir in seinem ›Dramenfragment‹ *Der entfesselte Prometheus.* Beide Werke müssen hier also im Hinblick auf ihre Fähigkeit zur Entkräftung und Zerstreuung der Herders geschichtsphilosophischen Hauptschriften ablesbaren Glaubenszweifel untersucht werden.

In seiner 1787 erschienenen Schrift *Gott* läßt Herder zu Beginn des vierten Gespräches seine Disputanten Philolaus und Theophron über die von Jacobi kolpotierten Spinoza-Kommentare Lessings diskutieren, und hierbei zeigt sich eine bemerkenswerte Parallele zu der im Kontext der Geniekritik von Herder aufgeworfenen Narzißmusproblematik:

> Philolaus. ... Das müßige Wesen, das außerhalb der Welt sitzt und sich selbst beschauet, so wie es sich Ewigkeiten hindurch beschauete, ehe es mit dem Plan der Welt fertig ward, ist nicht für mich; ....
> Theophron. ... Ein solcher Gott ist zwar Orthodoxie der Indier, deren Gott Jagrenat schon viele Jahrtausende her mit über den Bauch geschlungenen, hangenden Armen sitzt und sich wohl befindet. Ein andrer ihrer Götter liegt seit Aeonen im Schlummer: ... er genießet und ruht in träumender Selbstbeschauung. Aecht-orthodoxe Götter der Hindu's![39]

Die beiden Disputanten sind sich in ihrer Ablehnung dieser in Selbstgenuß versunkenen (angeblichen) Hindu-Götter schnell einig. Im Verlauf ihres Gespräches entwickeln sie als Gegenbild hierzu einen modernisierten, d. h. seiner ›cartesianischen‹

39 Johann Gottfried Herder, *Gott. Einige Gespräche.* SWS 16, 495f. – Vgl. hierzu Friedrich Heinrich Jacobis Schrift *Über die Lehre des Spionza in Briefen an den Herrn Moses Mendelssohn*, worin es heißt (Die Hauptschriften zum Pantheismus-Streit zwischen Jacobi und Mendelssohn, hrsg. Heinrich Scholz, Berlin 1916, 95f.): »Mit der Idee eines persönlichen schlechterdings unendlichen Wesens, in dem unveränderlichen Genusse seiner allerhöchsten Vollkommenheit, konnte sich Lessing nicht vertragen.«

Komponenten entkleideten Spinozismus. Ihr Gott ist selbst noch im »kleinste[n] Punkte«[40] der Schöpfung »gegenwärtig«[41], und zwar als »Urkraft aller Kräfte«[42] und nicht – wie bei Spinoza – als Substanz. Diese Kräfte äußern sich im Menschen z.B. als Denk- oder Empfindungskraft, in der Natur z.B. als Magnetismus oder Elektrizität.[43] Ihr Zusammenspiel folgt – wie im letzten der Gespräche, weit über Spinoza hinausgehend, erläutert wird – den drei Grundgesetzen der Beharrung, Vereinigung/Scheidung und Verähnlichung.[44] Das letztgenannte Gesetz gilt hierbei als das »heiligst[e]«[45], und zwar deshalb, weil es »allmächtig«[46] ist. Es ›bewirkt‹, daß sich die Ordnung, Harmonie und Schönheit eines Phänomens seiner Umgebung mitteilt, so daß allmählich jedes Chaos geordnet und jede Finsternis durch Licht erhellt wird. Die Crux dieses Verähnlichungsgesetzes liegt nun nicht einmal so sehr in dem Umstand, daß es sich dabei um eine bloße metaphysische Spekulation Herders handelt. Räumt man die Wirkung eines solchen Gesetzes auch ein, so ergibt sich daraus doch nichts anderes, als daß der ubiquitäre, erhaltende Gott seine Anteilnahme nicht vor allem der Menschheit, sondern generell dem All zuwendet. Dieses All besteht notwendig aus einem Spiel verschiedenartiger, z.T. auch gegensätzlicher (Prinzip der Vereinigung und Scheidung) Kräfte. Es bleibt deshalb unausgemacht, ob die Menschheit zu diesem Kräftespiel einen bewahrend-harmonisierenden oder einen zerstörerischen Impuls beiträgt. Die Menschheit (oder: Vernunft, Freiheit u.a.) könnte also einen zwar notwendigen, aber u.U. ephemeren Faktor im göttlichen Schöpfungsdrama darstellen. Mit spinozistischem Denken (auch modernisierter Art) läßt sich diesem Verdacht nicht begegnen, und so bleibt zu konstatieren, daß auch Herders Spinoza-Schrift nicht den Zweifel daran ausräumen kann, ob die Vorsehung dem Menschen tatsächlich – wie in den *Ideen* behauptet bzw. gefordert – ihre »besondre Huld«[47] geschenkt und seine Glückseligkeit zum Endzweck der Schöpfung gemacht hat. Wer könnte garantieren, daß der Mensch nicht zu den ›Opfern‹ oder ›Verlierern‹ das Verähnlichungsprozesses gerechnet werden muß?

Vielleicht sind solche Fragen und Zweifel die Ursache dafür, daß Herder in der Folgezeit stärker den vierten der genannten Wege zur Demonstration der Anteilnahme des Schöpfers an seinen Geschöpfen favorisiert. In seinen dramatischen *Sce-*

40 (Anm. 39), 472.

41 Herder (Anm. 39), 472. – Vgl. ebd., 441, die Kritik an den »*Gelegenheits-Ursachen* der Cartesianer«.

42 (Anm. 39), 453.

43 (Anm. 39), 452 u. 454.

44 (Anm. 39), 551f.

45 (Anm. 39), 560.

46 (Anm. 39), 562.

47 Herder, *Ideen* (Anm. 12), 115. – Es bedarf kaum eines Hinweises, daß dieser Gedanke durchaus unspinozistisch ist; man vergleiche nur den 35. und 36. Lehrsatz aus der *Ethik*, worin es u.a. heißt (Baruch de Spinoza, *Die Ethik nach geometrischer Methode dargestellt*, Übers., Anm. u. Reg. Otto Baensch, Einltg. Rudolf Schottlaender, Hamburg 1976 (= B.D.S.: *Sämtliche Werke in sieben Bänden*, hrsg. Carl Gebhardt, Bd.2, 289): »Gott liebt sich selbst mit unendlicher geistiger Liebe.« Gottes Liebe zu den Menschen und die Liebe der Menschen zu Gott sind nur verschiedene Erscheinungsformen dieser unendlichen Selbstliebe der einen Substanz.

nen[48] mit dem Titel *Der entfesselte Prometheus* liefert Herder die Ausarbeitung eines im 23. Humanitätsbrief geschilderten und damit in zeitlicher Nähe zu *Gott* und den *Ideen* stehenden »Traumgesicht[es]«[49], in welchem Prometheus monologartig den glücklichen Ausgang der Auseinandersetzungen zwischen ihm selbst, den Menschen und den Göttern schildert. Herder schafft hiermit Ersatz für einen nicht überlieferten Teil der Prometheus-Dramentrilogie des Aeschylus, dessen Fehlen er im zweiten Band der *Adrastea* beklagt: »Hätten wir den zweiten Theil dieses Stücks, *den entfeßelten Prometheus!* Der *dramatische Rechtsspruch* wäre in ihm zwischen Meer, Himmel und Erde – verlautbart! in ihm die Sache zwischen Göttern und Menschen *geschlichtet.*«[50]

Obwohl er natürlich jeden Vergleich oder gar »Wettstreit mit Aeschylus«[51] vermeiden will, erdichtet Herder in seinen ›Scenen‹ von 1802 einen solchen ›Rechtsspruch‹, und zwar einen, der tatsächlich die ›Sache zwischen Göttern und Menschen‹ schlichten kann. Herders Formulierung zeigt an, daß er keineswegs die »Unbezwingbarkeit des Titanen«[52], dessen Unbeugsamkeit das gegen alle Widerstände zu verteidigende Lebensrecht des Menschen widerspiegelt, mit dieser ›Sache‹ ineins setzt. Blumenbergs harsche Kritik an der angeblich zu leichten und heiteren Auflösung des Konfliktes durch Herder[53] geht fehl, denn nicht die Auseinandersetzung zwischen Gott und Gegengott steht im Zentrum der Herderschen ›Scenen‹. Vielmehr ist die zu verhandelnde ›Sache zwischen Göttern und Menschen‹ für Herder das Problem des gerechten Ausgleichs zwischen Geschöpf und Schöpfer, das Problem der nicht von Prometheus an die Götter, sondern der von den Menschen an Prometheus gestellten Forderungen.

Herders Prometheus ist deshalb von der ersten Szene an nicht der aufbegehrende Gegengott der Goethe-Hymne, sondern ein sich sorgender, um seine Geschöpfe bangender und mit ihnen leidender Schöpfer[54], der sich zu seiner Verantwortung bekennt und der erst dann innerlich befreit, ›entfesselt‹, ist, als ihn die Kunde vom endlichen Fortschreiten der Vernunft auf Erden, d.h. vom glücklichen Gedeihen seines Schöpfungswerkes, erreicht. Erst hier, 15 Jahre nach Erscheinen seiner Spinoza-Gespräche, zeigt uns Herder einen Schöpfer, der den in der Vorrede zu den *Ideen* an ihn gestellten Forderungen wirklich entspricht und der zu Recht als »unsichtbarer hoher Genius unsers Geschlechts«[55] bezeichnet werden darf, weil er nicht bloß – aus unerforschlichen oder gar fragwürdigen Gründen – das *All* durchwebt und erhält, sondern

48 Johann Gottfried Herder, *Der entfesselte Prometheus. Scenen*, SWS 28, 329.

49 Johann Gottfried Herder, *Briefe zu Beförderung der Humanität*, hrsg. Hans Dietrich Irmscher (= J.G.H.: *Werke in zehn Bänden*, hrsg. Martin Bollacher u.a. Bd. 7), Frankfurt a.M. 1991, 120 u. 892-5.

50 Johann Gottfried Herder, *Das Drama*, in: *Adrastea*. Zweiter Band. Viertes Stück. SWS 23, 352.

51 Herder, *Der entfesselte Prometheus* (Anm. 48), 329.

52 Hans Blumenberg, *Arbeit am Mythos*, Frankfurt a.M. 1979, 427.

53 Siehe Blumenberg (Anm. 52), 428.

54 So heißt es schon im bereits erwähnten 23. Humanitätsbrief (Herder, *Briefe zu Beförderung der Humanität* (Anm. 49), 120): »Lange litt ich [=Prometheus] mit ihren [= der Menschen] Leiden ...« – Zu den »Sorgen« des Herderschen Prometheus siehe: Herder, *Der entfesselte Prometheus* (Anm. 48), 346.

55 Herder, *Ideen* (Anm. 12), 18.

engagiert für die Glückseligkeit der *Menschen* eintritt. Gegen Oceanus (Szene 3) und Gäa (Szene 5), gegen Bacchus (Szene 8) und Hermes (Szene 9) verteidigt Prometheus ›seine‹ Menschen, während er Ceres-Demeter (Szene 7), Herakles (Szene 11), Themis (Szene 12) und Pallas (Szene 12/13) zu Helfern und Freunden gewinnt. Als sein Werk zur Vollendung gelangt, seine Fesseln sich lösen und der Adler von Herakles erlegt ist, eröffnet ihm Themis den Grund für seine vorübergehende Fesselung:

> Auch Geistes-*Uebermuth* ist nicht gerecht!
> Für *ihn* hast Du gelitten, und dadurch
> Die größte That gelernet und geübt,
> *Beharrlichkeit*! Auf deinen Felsen vest -
> Geheftet, bliebst Du, der du warst, Prometheus,
> Verschmähend jeden Weg der falschen Kunst.
> Indessen ist, o Sohn, dein Werk gediehn,
> Es preiset Dich vor den Olympiern.
> Ja wisse, selbst zu Fördrung deines Zwecks
> War Dir der Arm gebunden. Hättest Du,
> Was langsam nur geschehen konnte, schnell
> Und rüstig übereilt; Du hättest selbst
> Dein Werk zertrümmert, das Du ruhig jetzt,
> Gelassen, wo es fehlt, und Freudevoll
> Die Ernte deiner Saat anschauen darfst.[56]

Die Fesselung des Prometheus erscheint hier nicht als göttlicher Straf- oder Racheakt, sondern als weise pädagogische Maßnahme. Dies bedeutet umgekehrt, daß der Menschenerschaffer ein Lernender ist, jemand, der Geduld beweisen und Einsicht erlangen muß und der somit in direktem Gegensatz zum ›unbelehrbaren‹ Genie Lavaters steht. Noch deutlicher wird dies, wenn man eine bei Suphan mitgeteilte Variante zu der oben zitierten Passage aus dem »Entfesselten Prometheus« zum Vergleich heranzieht:

> Prometheus hat für seinen Uebermuth
> Und stolzen Trotz genug gelitten: Denn
> Auch Uebermacht im Geist gebieret Stolz.
> Jetzt hat er unter wilder drückender
> Gewalt Vernunft gelernet und Geduld.
> Indessen ist sein Werk gediehen und
> Rechtfertigt ihn vor Göttern und für Menschen.
> Er hätt' es übereilet, wär' ihm nicht
> Durch einen höhern Arm sein Arm gebunden,
> Die Brust zerrissen worden ....[57]

An die Stelle des alles zugleich und in einem Augenblick perfekt organisierenden Demiurgen*genies* tritt in Herders Prometheus-›Scenen‹ ein *lernender* Gott, dessen Werk erst allmählich gedeihen muß und dessen Rechtfertigung von eben diesem Ge-

---

56 Herder, *Der entfesselte Prometheus* (Anm. 48), 348.
57 Herder (Anm. 48), 366.

deihen abhängt. Die Schöpfung ist erst dann eine gelungene Schöpfung, die Welt erst dann eine ›Welt Gottes‹, wenn die Saat aufgegangen ist, die Vernunft gedeiht. In den *Ideen* konnte Herder nur auf das eingesäte Feld zeigen, wo er lieber eine reichgefüllte Scheune vorgewiesen hätte. *Der entfesselte Prometheus* schildert dagegen den Moment der Ernte, unterwirft aber gleichzeitig die Gottesvorstellung der *Ideen* einer Revision, indem unter Ausnutzung der Modalitäten dramatischen Sprechens als Faktum präsentiert wird, was zuvor trotz aller Beweisversuche ›nur‹ als zweifelhafter Glaube unterstellt werden konnte: die sorgende Anteilnahme des Schöpfers, die Güte des nicht nur um seiner selbst willen existierenden Gottes.

Das Drama als das »*künstlichste* Kunstwerk«[58] hatte nach Herders Auffassung den Zweck, »[u]ns mit dem Schicksal zu versöhnen«[59], und in der Tat stellt sich der *Entfesselte Prometheus* als ein Werk dar, das ›die Sache zwischen Göttern und Menschen‹ ins Reine zu bringen sucht. Daß Herder als Inhaber eines geistlichen Amtes, als Verteidiger Spinozas gegen den Atheismus-›Vorwurf‹ und als Entdecker der Spuren Gottes in Natur und Geschichte überhaupt noch hieran interessiert war, erweist ihn als einen Gottsucher und Glaubenszweifler, der sich weder zu herzlich-naiver Frömmigkeit noch zu rational-klügelnder Religiosität verstehen konnte. Die bereits erwähnte Leibnizsche These, »que Dieu veut le salut de tous les hommes«[60], stellt einen Kerngedanken auch seiner Weltanschauung dar, den er unter Aufbietung aller geistigen, seelischen und sinnlichen Wahrnehmungs- und Erkenntniskräfte immer wieder zu verifizieren versucht, der jedoch gleichzeitig eine Quelle der Irritationen und der (verdeckten) Zweifel bilden mußte. Ein (weitgehend) ungeschöntes Bild des Verlaufs der Geschichte zu zeichnen und dennoch den Menschen als »Krone der Erdenschöpfung«[61] aufzufassen, war nur möglich, wenn sich der Blick vom Wirklichen auf das aus demselben erkennbare Noch-nicht-Wirkliche richtete. Leibnizsche Heilsgewißheit will Herder in den *Ideen* aus der Überzeugung beziehen, daß die menschliche Vernunft und Güte »ihrer Natur nach Ordnung schaffen und auf der Bahn des Sieges bleiben«[62], so daß insgesamt »das Werk der Zeiten zum Besten des Menschengeschlechts fort[gehet]«[63]. Sein *Entfesselter Prometheus* beweist jedoch, daß ihm dies – zumal nach Septembermorden und weißem Terror – nicht genügte. Die endgültige ›Versöhnung mit dem Schicksal‹ konnte es für ihn nur im Drama, in der Fiktion, geben.

Betrachtet man im Überblick die unendlich vielfältigen und z.T. inkompatiblen Bemühungen des Gottsuchers Herder, seine Glaubensgrundsätze in Predigt und Traktat, Gedicht, Brief oder Drama zu befestigen, so stellt sich die Frage nach der Auf-

---

58 Herder, *Das Drama* (Anm. 50), 349.
59 Herder (Anm. 50), 388.
60 Leibniz, *Die Theodizee* (Anm. 25), 36.
61 Herder, *Ideen* (Anm. 12), 665.
62 Herder (Anm. 12), 671.
63 Herder (Anm. 12), 655.

richtigkeit seines Schaffens, dem eher der Wille zum Glauben als ein wirklicher Glaube zugrunde zu liegen scheint. In seiner Schrift *Über das Misslingen aller philosophischen Versuche in der Theodizee* von 1791 hat Kant die Theodizee als eine »Glaubenssache«[64] und »die Aufrichtigkeit als das Haupterfordernis in Glaubenssachen«[65] bezeichnet, denn »[d]aß das, was jemand sich selbst oder einem andern sagt, *wahr* sei: dafür kann er nicht jederzeit stehen (denn er kann irren); dafür aber kann und muß er stehen, daß sein Bekenntnis oder Geständnis *wahrhaft* sei: denn dessen ist er sich unmittelbar bewußt.«[66] Die in Herders Schriften erkennbare, schon von Rudolf Haym bemerkte[67] ›Mischung‹ aus Glaube und Unglaube legt in der Tat den Verdacht nahe, daß es Herder an der von Kant in Glaubenssachen geforderten Aufrichtigkeit fehlt. Herders relative ›Unaufrichtigkeit‹ wird jedoch von ihm selbst reflektiert und legitimiert, und zwar auf dreierlei Weise.

Erstens folgt Herders Schaffen einem pädagogischen Impetus, der auf die Verbesserung und Erziehung sowohl des einzelnen Lesers als auch des Zeitalters insgesamt abzielt. Da die Religion nach Herders Auffassung kultivierend und belehrend wirkt[68], ist sie ein wichtiges Instrument der Herzens- und Verstandesbildung, und darüber hinaus kann sie nach seiner Meinung der schädlichen *»Zweifelsucht«*[69] als der von Bayle u.a. verbreiteten ›Modekrankheit‹ seiner Zeit entgegenwirken, da sie feste innere Überzeugungen ausbildet, wo der spitzfindige Vieldenker und Raisonneur modern-aufklärerischer Prägung mal dieser und mal jener Idee nachsinnt.

Zweitens folgen Herders Schriften einer konsolatorischen Intention, indem sie Mut und »Zuversicht«[70] vermitteln wollen, wo Verzweiflung und Ungeduld um sich greifen. Sie wenden sich an »Irrend[e]«[71] und »Wandrer in der Nacht«[72], denen Trost und Hilfe inmitten ihres »so dunkeln, so Gefahr- und Labyrinthvollen Lebens«[73] zuteil werden soll.

Drittens schließlich klingt bei Herder an vielen Stellen die von Schiller und Novalis in der Sais-Parabel zum Ausdruck gebrachte Befürchtung an, daß der Mensch ge-

---

64 Immanuel Kant, *Über das Misslingen aller philosophischen Versuche in der Theodizee*, in: I.K.: *Schriften zur Anthropologie, Geschichtsphilosophie, Politik und Pädagogik 1* (= Werkausgabe Bd. XI.), hrsg. Wilhelm Weischedel, Frankfurt a.M. 1977, 119.

65 Kant (Anm. 64), 119f.

66 Kant (Anm. 64), 120.

67 Vgl. z.B. folgende Passage, in der Haym Herders Schrift *Von der Auferstehung, als Glauben, Geschichte und Lehre* kommentiert (Rudolf Haym, *Herder nach seinem Leben und seinen Werken*, Bd. 2, Berlin 1885, 533): »Nie vielleicht hat der Glaube an das historisch Positive im Christenthum mit dem Unglauben in geistreicherer und dabei ehrlicherer Weise compromittirt.«

68 Siehe Herder, *Ideen* (Anm. 12), 154-164 u. 372-379.

69 Johann Gottfried Herder, *Bayle*, in: *Adrastea*. Erster Band. Erstes Stück, SWS 23, 87. – Vgl. Herder, *Gott* (Anm. 39), 413-415.

70 Herder, *Ideen* (Anm. 12), 16.

71 Herder, *Gott* (Anm. 39), 404.

72 Johann Gottfried Herder, *Ankündigung einer neuen Zeitschrift: Aurora*, SWS 23,3.

73 Herder, *Ideen* (Anm. 12), 161.

wisse Gedanken vielleicht denken, nicht jedoch ertragen könnte, weshalb er vor ihnen besser die Augen verschließt.[74] Herder zieht die lebbaren ›Halbwahrheiten‹ der mit Spekulation untermischten Humanitätsphilosophie den unlebbaren ›Wahrheiten‹ eines kritischen Rationalismus vor, deren Entstehen Herder ohnehin der einseitig-ausschließlichen und damit mißbräuchlichen Verwendung der Denkkraft bei gleichzeitiger Vernachlässigung der seelischen und sinnlichen Wahrnehmungs- und Erkenntniskräfte angelastet hätte.

Die Validität dieser drei Argumente zur Verteidigung der relativen ›Unaufrichtigkeit‹ Herders, der nicht Fragen und Zweifel ausbreiten, sondern Antworten und Lösungsvorschläge offerieren wollte, kann hier nicht in extenso diskutiert werden. Es fällt jedoch auf, daß ihnen allen ein bestimmtes Rezipienten- oder Adressatenbild gemeinsam ist. Herder wendet sich eher an zu Erziehende und Verzweifelnde, die bereit sind, sich der Führung eines Hirten anzuvertrauen, als an mündige Subjekte, die sich selbständig mit den Fragen und Abgründen ihrer Existenz auseinanderzusetzen wagen. Seine Werke konterkarieren somit die Selbsteinschätzung seiner potentiellen Leser, die sich nach dem Siegeszug des aufklärerischen Autonomiepostulates überwiegend in der Überzeugung befestigten, daß sie sich nur der eigenen Leitung anzuvertrauen hätten. Herders Werke implizieren als Grundmodell der Autor-Leser-Kommunikation eine für die kirchliche Predigt seiner Zeit typische Situation.[75] Sie sind in Ausübung eines Geistlichen Amtes geschrieben, dessen zunehmender Autoritäts- und Funktionsverlust ihre Rezeption schwer belastete. Nur in einer ihre Brüchigkeit oder gar Widersprüchlichkeit enthüllenden vergleichenden Betrachtung gewinnen sie an Attraktivität für den Leser der Gegenwart, der seine existentiellen Zweifel in philosophisch-literarischen Werken nicht mehr zerstreut, sondern gespiegelt sehen möchte.

---

74 Ich denke hier etwa an die Figur der Theano in *Gott*, welche die von Philolaus und Theophron erörterten Gedanken und Begriffe u.a. im Hinblick auf ihre »Anmuth« (Herder, *Gott* (Anm. 39), 534) beurteilt und bestimmte Wahrheiten als »erquicken[d]« und »schö[n]« (ebd., 562) bezeichnet.

75 Vgl. hierzu: Wilhelm Ludwig Federlin, *Vom Nutzen des Geistlichen Amtes. Ein Beitrag zur Interpretation und Rezeption Johann Gottfried Herders*, Göttingen 1982. Hier v.a. 37, Anm. 11.

Birgit Nübel (Kassel)

KRÄHENDE HÜHNER UND GELEHRTE WEIBER

Aspekte des Frauenbildes bei Johann Gottfried Herder

Ich kenne nichts Trivialeres, als die Vorstellung
unserer meisten Aufklärer, auch Dichter, über die Frauen.

Charlotte von Kalb[1]

I.

Das Problem der kulturellen Stereotypen des Weiblichen im allgemeinen und der sozialen Stigmatisierung des ›gelehrten Frauenzimmers‹ im besonderen kann nicht auf der Ebene der Persönlichkeitsstruktur einzelner Menschen und ihrer mehr oder weniger individuellen Idiosynkrasien allein betrachtet werden. So ist Johann Gottfried Herders Idealisierung des natürlich-empfindsamen Frauentyps und seine individuelle ›Abscheu‹ vor dem ›gelehrten Frauenzimmer‹[2] zugleich auch Ausdruck für ein gesellschaftliches Kräfte- bzw. Machtverhältnis im letzten Drittel des 18. Jahrhunderts. Ein soziales Vorurteil als verfestigtes Vorstellungsklischee oder Stereotyp ist – in der etwas eigenwilligen Terminologie von Norbert Elias – immer auch ›Seelen- und Gesellschaftsinkarnat‹[3], d. h. Zeichen individueller und gesellschaftlicher Differenzierungen: in diesem Fall der Verhaltens- und Affektmodellierung einer gesellschaftlichen Figuration, der Gebildeten des dritten Standes als Amtsanwärter innerhalb des feudal-absolutistischen Staatsapparates, und einer ihrer Unter- bzw. Teilfigurationen: der Schwestern, Verlobten, Ehefrauen und Töchter. Im Zuge der gesellschaftlichen Assimilations- und Emanzipationstendenzen im Verlauf des 17. und 18. Jahrhunderts bildet sich eine spezifische Machtbalance zwischen Adel und Bürgertum, zwischen Männern und Frauen heraus, wobei die eine Gruppe die andere »nur so lange wirksam zu stigmatisieren [vermag], wie sie sicher in Machtpositionen sitzt, zu denen die stigma-

---

1 Brief an Jean Paul vom 16. Juni 1799, in: Charlotte von Kalb, *Briefe an Jean Paul und dessen Gattin*, hrsg. v. Paul Nerrlich, Berlin 1882, S.64.

2 Vgl. hierzu Johann Gottfried Herder, Brief an Caroline Flachsland vom 12. September 1770, *Herders Briefwechsel mit Caroline Flachsland*, hrsg. v. Hans Schauer, 2 Bde., Schriften der Goethegesellschaft 39, 41, Weimar 1926, 1, 43f (im folgenden BW): »So abscheulich in meinen Augen ein gelehrtes Frauenzimmer ist, so schön, dünkt mich, ists für eine zarte Seele, wie Sie, so seine [Klopstocks, d. V.] Empfindungen nachfühlen zu können«.

3 Norbert Elias, *Über den Prozeß der Zivilisation. Soziogenetische und psychogenetische Untersuchungen*, 2 Bde., Frankfurt a. M. 1976, 1, 157: »Was immer wir auch an menschlichen Erscheinungen, an Haltungen, Wünschen oder Gestaltungen für sich betrachten, losgelöst vom gesellschaftlichen Leben der Menschen, es ist seinem Wesen nach Substanzialisierung der menschlichen Beziehungen und des menschlichen Verhaltens, es ist Gesellschafts- und Seeleninkarnat«.

tisierte Gruppe keinen Zugang hat.«[4] Während die Bildungsambitionen der bürgerlichen Söhne im 18. Jahrhundert funktional verbunden sind mit Hoffnung oder reeller Chance auf eine Bestallung (als Beamter, Hofmeister etc.) in staatlichen Diensten, konzentriert sich das aufklärerische Bildungsprogramm für die Töchter ausschließlich auf Aspekte der Persönlichkeitsbildung und die Vermittlung kultureller Kompetenzen im familiären Dienstleistungssektor. Die Rollen der Hausfrau, Gattin, Mutter und Erzieherin, die für den Sozialcharakter der bürgerlichen Frau im 18. Jahrhundert konstitutiv sind, lassen sich dem gesellschaftlichen Reproduktionsbereich zuordnen. Innerhalb der sich konstituierenden bürgerlichen Gesellschaftsordnung als Trias von feudalabsolutistischem Staatsapparat, literarischer Öffentlichkeit bzw. ›privatem‹ Warenverkehr und familiärer Intimität[5] wird die Frau zum Inbegriff des Privaten, Nicht-Öffentlichen, also Nicht-Kulturellen im Sinne einer sozio-kulturell vermittelten ›Natürlichkeit‹.[6] Die Rede von der ›Erfindung‹ der Geschlechtscharaktere im Übergang von der Figuration des ›ganzen Hauses‹ zur bürgerlichen Kleinfamilie wird der Komplexität dieser individuellen und gesellschaftlichen Strukturveränderungen dabei nur zum Teil gerecht[7]. Weder das biologische (sex) noch das soziologische Geschlecht (gender) werden erst mit der Transformation von der herrschafts- zur berufsständischen bzw. von der stratifikatorischen zur funktionalen Ausdifferenzierung ›erfunden‹[8]. Die polare Konzeption von Weiblichkeit und Männlichkeit, wie sie be-

---

4 Norbert Elias/ John L. Scotson, *Etablierte und Außenseiter*, übers. v. Michael Schröter, Frankfurt a. M. 1990, 14.

5 Vgl. hierzu Jürgen Habermas, *Strukturwandel der Öffentlichkeit. Untersuchungen zu einer Kategorie der bürgerlichen Gesellschaft*, 17. Aufl., Darmstadt 1987.

6 Vgl. hierzu auch Inge Stephan, »›Bilder und immer wieder Bilder...‹ Überlegungen zur Untersuchung von Frauenbildern in männlicher Literatur«. In: Inge Stephan, Sigrid Weigel, *Die verborgene Frau*, Berlin 1983, 15-35, hier: 19 und Sigrid Weigel, »Die nahe Fremde – Das Territorium des ›Weiblichen‹. Zum Verhältnis von ›Wilden‹ und ›Frauen‹ im Diskurs der Aufklärung«. In: *Die andere Welt. Studien zum Exotismus*, hrsg. v. Thomas Koebner, Gerhart Pickerodt, Frankfurt a. M. 1987, 171-200, bes. 180, 189.

7 Vgl. hierzu Barbara Duden, »Das schöne Eigentum. Zur Herausbildung des bürgerlichen Frauenbildes an der Wende vom 18. zum 19. Jahrhundert«, in: Kursbuch 47 (1977), 125-140, Karin Hausen, »Die Polarisierung der ›Geschlechtscharaktere‹. Eine Spiegelung der Dissoziation von Erwerbs- und Familienleben«, in: *Seminar: Familie und Gesellschaftsstruktur. Materialien zu den sozioökonomischen Bedingungen von Familienformen*, hrsg. v. Heidi Rosenbaum, Frankfurt a. M. 1978, 161-195 und Annette Kuhn, »Das Geschlecht – eine historische Kategorie?«, in: *»Wissen heißt leben...« Beiträge zur Bildungsgeschichte von Frauen im 18. und 19. Jahrhundert*, hrsg. v. Ilse Brehmer [u. a.], Frauen in der Geschichte 4. Geschichtsdidaktik: Studien, Materialien 18, Düsseldorf 1983, 29-51.

8 Vgl. hierzu Claudia Honegger, *Die Ordnung der Geschlechter. Die Wissenschaften vom Menschen und das Weib 1750-1850*, Frankfurt, New York 1991, 4; die binären Schematismen ›außen‹/ ›innen‹, ›stark‹/ ›schwach‹, ›aktiv‹/ ›passiv‹ haben schließlich im Abendland eine Tradition, die sich bis auf die Antike zurückverfolgen läßt; Thomas Laqueur weist in seiner Studie *Auf den Leib geschrieben. Die Inszenierung der Geschlechter von der Antike bis Freud*, Frankfurt a. M., New York 1992, 36f jedoch darauf hin, daß die »nach dem 18. Jahrhundert so einflußreiche Vorstellung, daß es außerhalb und innerhalb des Körpers und überall im Körper etwas geben müsse, was das Männliche als Gegensatz zum Weiblichen bestimmt und die Grundlage bildet für die Anziehung der Gegensätze«, in »der Medizin der klassischen Antike und der Renaissance« so nicht zu finden sei; vgl. ebd., 173: »man erfand zwei biologische Geschlechter, um den sozialen eine neue Grundlage zu geben«.

sonders eindringlich in Friedrich Schillers *Lied von der Glocke* (1800) Darstellung findet, korrelliert mit gesellschaftlichen Integrations- und Zentralisierungstendenzen im Verlauf des 18. Jahrhunderts: der Herausbildung des feudalabsolutistischen Nationalstaates und der Ausdifferenzierung einer bürgerlichen Öffentlichkeit mit ihrem Konstitutionsmedium individueller Subjektivität, der Kleinfamilie. Die Männer- und Frauenbilder der ›Sattelzeit‹ (Koselleck) lassen sich als integratives Element der sich wandelnden gesellschaftlichen Figurationen bzw. Arbeits-, Affekt- und Interdependenzketten und der damit einhergehenden Veränderungen der Verhaltenscodierungen und (un)bewußten Persönlichkeitsstrukturen beschreiben. Dabei sind die Geschlechterrollen, so F. Hassauer-Roos, »gebunden an je historische Komplexe von Erwartungen über Männlichkeit und Weiblichkeit, die gesellschaftlich dem Individuum zugemutet und normativ durchgesetzt werden. Was typisch weiblich und typisch männlich ist, ist also nicht naturwüchsiges Ergebnis biologischer Eigenschaften, sondern gesellschaftlich konstruiert. Dementsprechend sind geschlechtsspezifische Handlungs- und Verhaltensrepertoires mit gesellschaftlichen Verteilungsregeln und Zugangschancen korreliert«.[9] Das Verhältnis der Geschlechter läßt sich nach Elias als figurative Machtbalance zwischen zwei gesellschaftlichen Gruppen beschreiben, wobei die Frauen die Position des Außenseiters innehaben: »ihre Mitglieder waren traditionellerweise von vielen sozialen Positionen ausgeschlossen, die von der anderen Gruppe monopolisiert wurden. Zugleich sind aber diese beiden Gruppen in einer Weise voneinander abhängig wie keine Etablierten- und Außenseitergruppen sonst«.[10] Die Soziodynamik einer Etablierten-Außenseiter-Figuration wird, so Elias, durch die Art ihrer Verflechtung bestimmt und nicht durch Merkmalsbestimmungen (›weiblich‹, ›natürlich‹, ›schwach‹, ›schön‹); ausschlaggebend ist vielmehr, »daß sie in einer Weise aneinander gebunden sind, die der einen Gruppe sehr viel größere Machtmittel zuspielt und sie befähigt, die Mitglieder der anderen von den Bastionen dieser Macht [z. B. Bildung, d. V.] auszuschließen«.[11] Im Prozeß der sich wandelnden Machtbalancen ändern sich auch die Legitimationsmuster und Rationalisierungsstrategien zur Rechtfertigung bestehender Machtdifferentiale innerhalb der gesellschaftlich relevanten Diskurse. So ist das Konzept von der Komplementarität der Geschlechter in der zweiten Hälfte des 18. Jahrhunderts Teil eines diskursiven Strategiewechsels von dem Denkmodell einer quantitativ bestimmten Differenz des Mehr oder Wenigers zu einer grundlegenden qualitativen Diffe-

9 Friederike J. Hassauer-Roos, »Das Weib und die Idee der Menschheit. Zur neueren Geschichte der Diskurse über die Frau«, in: *Fachwissenschaftliche und fachdidaktische Beiträge zur Geschichte der Weiblichkeit vom frühen Mittelalter bis zur Gegenwart*, hrsg. v. Annette Kuhn, Jörn Rüsen, Frauen in der Geschichte 3, Düsseldorf 1983, 87-108, hier: 103f.

10 Norbert Elias, »Vorwort«, in: Bram van Stolk, Cas Wouters, *Frauen im Zwiespalt. Zwischen Frauenhaus und Zuhause: Beziehungsprobleme im Wohlfahrtsstaat*, Frankfurt a. M. 1987, 9-17, hier: 12.

11 Elias (Anm. 4), 27.

renz[12], welche die Rede von der natur- bzw. gottgewollten ›Bestimmung der Frau‹ begründet. Angesichts der naturrechtlichen Diskussion über das vertragsrechtliche Ehemodell, das Phänomen weiblicher Gelehrsamkeit und die Proklamation der Menschenrechte im Kontext der Französischen Revolution gerät das patriarchalische Ehe- und Familienmodell unter Legitimationsdruck. So lassen sich z. B. die Konzepte ›Rasse‹ und ›Geschlecht‹, welche in der zweiten Hälfte des 18. Jahrhunderts eine diskursive Begründung erfahren[13], u. a. auch als »Symptome einer ideologischen Abwehr« verstehen, welche die Aufmerksamkeit auf Nebenaspekte von Figurationen lenken und vom zentralen Aspekt der Machtunterschiede abziehen.[14] Elias kennzeichnet den Mechanismus, nach welchem die jeweils etablierte Gruppe ihren Mitgliedern überlegene menschliche Eigenschaften zuschreibt und die Außenseitergruppe stigmatisiert, als Universalie menschlicher Figurationen, die aus flukturierenden Machtdifferentialen bestehen.[15]

Nach der sozialpsychologischen Vorurteilstheorie bewirkt die Abgrenzung und Herabsetzung des Bildes der nicht zur eigenen nationalen, sozialen oder sexuellen Gruppe Gehörenden (›Außenseiter‹) eine Aufwertung der Eigengruppe (›Etablierte‹). Aus kognitionstheoretischer Sicht wiederum strukturieren individuelle und soziale Vorurteile komplexe Situationen, indem sie vermeintliche Gewißheiten und Sicherheiten vermitteln. Relativ unstrukturierte, durch eine Verschiebung der Machtbalancen sich verändernde gesellschaftliche Kräfteverhältnisse können dagegen ein Gefühl der Bedrohung und Angst erzeugen. – »*Furcht*! Fiel dieses Wort auf? Es sollte auffallen. – Seht! ich will mein Herz ausschütten und zur Ehre des männlichen Geschlechtes bekennen, daß keine bösere Absicht, als die *Furcht, das andere Geschlecht würde uns beherrschen*, den Grund zu unserer Herrschaft über dasselbe gelegt hat«, so lautet Theodor Gottlieb von Hippels Diagnose des ›befremdenden Widerstandes‹ der Männer gegen die *bürgerliche Verbesserung der Weiber* (1792).[16]

---

12 vgl. hierzu Laqueur (Anm. 8) 23: »So hat es beispielsweise bis zum Jahre 1759 gedauert, bis es jemand für wichtig hielt, ein detailliert ausgeführtes weibliches Skelett in einem Anatomiebuch abzubilden, um dessen Unterschied zum männlichen zu illustrieren. Bis zu diesem Zeitpunkt hatte es nur eine Grundstruktur des menschlichen Körpers gegeben, und diese Struktur war männlich«; vgl. auch Honegger (Anm. 8), 42: Die Anthropologie, besonders aber die »vergleichende Anatomie wird die Basiswissenschaft zur Bestimmung der menschlichen Natur wie zur Konzeptualisierung der Differenzen in der körperlichen Organisation der beiden Geschlechter«.

13 Vgl. hierzu Londa Schiebinger, »Anatomie der Differenz. ›Rasse‹ und Geschlecht in der Naturwissenschaft des 18. Jahrhunderts«, in: *Feministische Studien* 11 (1993), 48-65 und Laqueur (Anm. 8), 178: »Die wissenschaftliche Rasse etwa – die Vorstellung also, daß die Biologie durch das Aufzeigen einer getrennten Erschaffung verschiedener Rassen (Polygenesis) oder durch den simplen Nachweis von Unterschieden trotz ›natürlicher Gleichheit‹ eine Erklärung für Statusunterschiede abgeben könnte – entwickelte sich zur selben Zeit und als Reaktion auf dieselbe Art Zwänge wie das wissenschaftliche Geschlecht«.

14 Elias (Anm. 4), 27.

15 Ibid., 9.

16 Theodor Gottlieb von Hippel, *Über die bürgerliche Verbesserung der Weiber*, *Sämmtliche Werke*, Berlin 1828, 6, 101 f.

II.

Das Zeitalter der Aufklärung ist auch das Zeitalter der Vorurteilskritik. Von Thomasius' *Lectiones de praejudiciis* (1689) bis zu Kants *Kritik der Urteilskraft* (1790) werden Vorurteile als »Grundirrtümer aus Mangel an Selbstdenken«[17] gebranntmarkt und das Selbstdenken, das ›Sapere aude!‹, als »Maxime der vorurtheilsfreien ... Denkungsart« gepriesen[18]. »Aufklärung ist der Ausgang des Menschen aus seiner selbst verschuldeten Unmündigkeit. Unmündigkeit ist das Unvermögen, sich seines Verstandes ohne Leitung eines anderen zu bedienen«, so lauten die bekannten Eingangszeilen aus Kants *Beantwortung der Frage: Was ist Aufklärung?* von 1784. Und bezogen auf »das ganze schöne Geschlecht« heißt es dort: »Nachdem sie [d. h. »jene Vormünder, die die Oberaufsicht ... gütigst auf sich genommen haben«, d. V.] ihr Hausvieh zuerst dumm gemacht haben und sorgfältig verhüteten, daß diese ruhigen Geschöpfe ja keinen Schritt außer dem Gängelwagen, darin sie sie einsperrten, wagen durften, so zeigen sie ihnen nachher die Gefahr, die ihnen droht, wenn sie es versuchen allein zu gehen«.[19]

Zur Zeit der Spätaufklärung verschiebt sich im Zuge der Aufwertung der sinnlichen gegenüber den rationalen Vermögen des Menschen nicht nur das männliche Kulturkonzept vom homo logicus zum felix aestheticus, sondern gleichzeitig vollzieht sich auch ein Wandel vom gelehrten zum gebildeten Frauenideal.[20] Doch gebildet oder gelehrt – dem »Hausvieh« Frau bleibt in der deutschen Querelle des Femmes, d. h. im – gegenüber Frankreich zeitlich verzögerten – gelehrten Diskurs über die weibliche Gelehrsamkeit im 18. Jahrhundert, der Status der Unmündigkeit zugewiesen.[21] Laut Kant ist eine der wichtigsten Voraussetzungen der Aufklärung die Freiheit, »von seiner Vernunft in allen Stücken öffentlichen Gebrauch zu machen«: »Ich verstehe aber unter dem öffentlichen Gebrauche seiner eigenen Vernunft denjenigen, den jemand als Gelehrter von ihr vor dem ganzen Publikum der Leserwelt macht« (GS,8,36f). Von diesem öffentlichen Gebrauch der Vernunft als Bedingung der Mög-

---

17 Werner Schneiders, *Aufklärung und Vorurteilskritik. Studien zur Geschichte der Vorurteilstheorie*, Stuttgart, Bad Cannstatt 1983, 112.

18 Immanuel Kant, *Kritik der Urteilskraft*, *Gesammelte Schriften*, hrsg. v. der Königlich Preußischen Akademie der Wissenschaften, Berlin 1910ff, 5 (1913), 294 (im folgenden GS).

19 Immanuel Kant, *Beantwortung der Frage: Was ist Aufklärung?* (GS,8,33); vgl. hierzu auch Hippel (Anm. 16), 250: »Wenn gleich die Geistes-Arbeiten der Weiber, sobald sie ins Größere gehen, fürs erste bas-relief sind – sie werden weiter kommen; denn nur wir halten ihren Geist am Gängelbande, um sie nicht allein gehen zu lassen«.

20 Vgl. hierzu Silvia Bovenschen, *Die imaginierte Weiblichkeit. Exemplarische Untersuchungen zu kulturgeschichtlichen und literarischen Präsentationsformen des Weiblichen*, 2. Aufl., Frankfurt a. M. 1980, 80 und Barbara Becker-Cantarino, *Der lange Weg zur Mündigkeit. Frauen und Literatur in Deutschland 1500 bis 1800*, München 1989, 177f.

21 Vgl. Susan Cocalis, »Der Vormund will Vormund sein. Zur Problematik der weiblichen Unmündigkeit im 18. Jahrhundert«. In: *Gestaltet und gestaltend. Frauen in der deutschen Literatur*, hrsg. v. Marianne Burkhard, Amsterdam 1980, 33-57, hier: 48 f

lichkeit der Aufklärung bleibt die Frau im Diskurs der männlichen Aufklärer jedoch ausgeschlossen. Um diesen Ausschluß der Frauen aus einer der wichtigsten Institutionen der bürgerlichen Öffentlichkeit und seine Begründungsstrategien und Legitimationsmuster geht es im folgenden, um das Dispositiv ›Bildung‹ und seine Orte, die (Latein-)Schulen, Lesegesellschaften, Akademien und Universitäten, zu welchen den ›Frauenzimmern‹ der Zugang bis ins 20. Jahrhundert verwehrt blieb.

Das Wort ›Frauenzimmer‹ bezeichnet laut Adelung zunächst ein »Zimmer, d. i. Gebäude, oder Theil eines Gebäudes, der für das weibliche Geschlecht bestimmt ist«; es ist »in der anständigen Sprechart« gebräuchlich sowohl für »das gesammte weibliche Geschlecht ... als ein Collectivum« als auch für eine »einzelne Person weiblichen Geschlechtes von gutem Stande«.[22] Die soziale Abgrenzung geht einher mit einer topographischen: Der Ort weiblicher Bildung ist nicht die ›universelle Bibliothek‹ (Jorges Luis Borges) sondern die ›Allgemeine Damenbibliothek‹. In der dritten Sammlung der Fragmente *Über die neuere deutsche Literatur* von 1767 empfiehlt Herder den Deutschen in einer »Anwendung«, daß das »Frauenzimmer ... ohne Zweifel nicht in die Hörsäle und Studierzimmer der Gelehrten« gehöre, »eine Encyklopädie der Frauenzimmerwissenschaften«[23], »wenn es [das Frauenzimmer, d. V.] sich bilden will zu seiner Bestimmung, damit es seine Seele verschönere, und das Vergnügen des männlichen Geschlechts sei: damit es die Würde der Bürgerinnen, und Hausmütter, und Ehegatten, und Erzieherinnen erreiche: damit es alle die Talente ausbilde, die ihm die Natur gab, und die Pflichten fordern, das schöne Geschlecht zu werden« (HW,1,401). Die Rede über die besondere Bestimmung der Frau, das soll exemplarisch an Johann Gottfried Herder gezeigt werden, legitimiert den Ausschluß der Frauen aus den (Bildungs-)Institutionen der bürgerlichen Öffentlichkeit und beschränkt sie auf den familiären Binnenraum. Die Figur des ›gelehrten Frauenzimmers‹, deren bloße Existenz nicht nur die Vernunftteilhabe aller Menschen, sondern darüber hinaus sowohl einen Anspruch auf aktive Teilnahme an den öffentlichen Diskursen und Institutionen bekundet und somit den männlichen Herrschaftsanspruch

---

22 Johann Christoph Adelung, *Grammatisch-kritisches Wörterbuch der Hochdeutschen Mundart*, 4 Bde., 2. verm. u. verb. Ausg., Leipzig 1793-1801, 2 (1796), 274; vgl. auch ebd.: »Im gemeinen Leben und der niedrigen Sprechart sind dafür Frauenvolk, Frauensleute, Weibsvolk, Weibsleute, Weibspersonen üblich«.

23 Johann Gottfried Herder, *Werke*, 10 Bde., Bd.1: *Frühe Schriften 1764-1772*, hrsg. v. Ulrich Gaier, Frankfurt a. M. 1985, 401f (im folgenden HW): »Haben wir daher eine Enzyklopädie der Frauenzimmerwissenschaften? – die sich zu den bekanntesten Begriffen herabläßt, in denen sie [die ›Frauenzimmer‹, d. V.] erzogen worden, sie über Sachen unterrichtet, die rings um sie sind, die Empfindungen entwickelt, die in ihren Herzen schlafen, ihnen ihre ganze Bestimmung und Zwecke stufenweise entwickelt: von der ganzen Gelehrsamkeit, Weltweisheit und schönen Litteratur, von der Geschichte und den schönen Wissenschaften ihnen nur so viel vorhält, als nötig ist, sie zur Schönheit des Geistes zu bilden, ihnen es in der Ordnung vorhält, die sie immer muntrer macht, und mit den Worten, die ihren Lippen entwandt, den Weg wissen, in ihre Seele und an ihr Herz zu schleichen: Haben wir im Deutschen ein solches Buch zur Bildung? Ich zweifle gar, daß eine Mannsperson es schreiben kann...« (HW,1,401 f).

sowohl im Bereich der Familie als auch der Politik in Frage stellt[24], gilt Herder und seinen Zeitgenossen geradezu als Anschauungsmaterial für das Gesetz des kulturellen Verfalls: ›plus que les moeurs se raffinent, plus les hommes se dépravent...‹[25]

Zu Beginn des 18. Jahrhunderts wird der gelehrte Diskurs über die weibliche Gelehrsamkeit noch offener und, wie es auf den ersten Blick scheint, auch radikaler geführt als im letzten Drittel des Säkulums. So lassen sich um die Jahrhundertwende zahlreiche Schriften und Dissertationen zum rationalistischen ›Ideal-Typus‹ des gelehrten Frauenzimmers nachweisen[26], »aufstrebende, der Aufklärung nahestehende Universitäten vergaben seit etwa 1730 gerne Ehrungen an dichtende, gelehrte Frauen, um ihren Ruf der Fortschrittlichkeit zu verbreiten«[27] und die frühen Moralischen Wochenschriften führten geradezu »einen kleinen Feldzug für die weibliche Bildung«[28]: »In den *Vernünftigen Tadlerinnen* kann die berühmte Mme Dacier (1654-1720) als ein Vorbild für das Frauenzimmer aufgestellt werden (I,49); das Stück 37 des 2. Bandes druckt Einiges aus einer Abhandlung der im 17. Jahrhundert ob ihrer Gelehrsamkeit weitbekannten Anna Marie von Schürmann ab über die Befähigung der Frauen zum Studium der Wissenschaften; ... Im *Biedermann* ist die Frage des weiblichen Studiums an Universitäten aufgeworfen«.[29] Allerdings verweist W. Mar-

---

24 Vgl. hierzu auch Heidemarie Bennent, *Galanterie und Verachtung. Eine philosophiegeschichtliche Untersuchung zur Stellung der Frau in Gesellschaft und Kultur*, Frankfurt a. M. 1985, 45: »Die bürgerlichen Familienideologen wenden sich mit ihren Vorstellungen zum Familienleben, aber auch mit ihrem Frauenbild dezidiert gegen liberale Konzepte der Frühaufklärung, wie sie bei verschiedenen Naturrechtsphilosophen und Bildungstheoretikern auffindbar sind. Angriffspunkte sind auf der einen Seite das vertragsrechtliche Ehemodell und die damit verbundene Emanzipationswirkung zugunsten der Frau und auf der anderen Seite ein Programm weiblicher Gelehrsamkeit«.

25 Johann Wolfgang Goethe, der seiner Schwester Cornelia u. a. eine Abhandlung über das Studium der Frauen von Bandiera zur Lektüre empfiehlt (vgl. hierzu auch Rolf Engelsing, *Der Bürger als Leser*, Stuttgart 1974, 315f) schreibt am 12. Oktober 1767 an seine Schwester Cornelia aus Leipzig: »Mittlerweile hofmeistre ich hier an meinen Mägden, und mache allerhand Versuche, manchmal geräths manchmal nicht. Die Mdll. Breitkopf habe ich fast ganz aufgegeben, sie hat zu viel gelesen und da ist Hopfen und Malz verlohren. Lache nicht über diese närrisch scheinende Philosophie, die Sätze, die so paradox scheinen, sind die herrlichsten Wahrheiten, und die Verderbniß der heutigen Welt liegt nur darinne daß man sie nicht achtet. Sie gründen sich auf die verehrenswürdigste Wahrheit: ›Plus que les moeurs se raffinent, plus les hommes se depravent‹. Kannst du, wie ich wohl glaube, diese Dinge nicht ganz einsehen, so nimm sie als Wahrheiten an die dir einmal aufgeklärt werden sollen, ich werde mich darüber mit dir in keinen Briefwechsel einlassen, es sind Dinge, die sich schwer schreiben« (*Werke*, hrsg. i. A. der Großherzogin Sophie von Sachsen, Weimar 1887, 4. Abt., 1, 110).

26 Vgl. Gisela Brinker-Gabler (Hrsg.), *Deutsche Dichterinnen vom 16. Jahrhundert bis zur Gegenwart*, 3.Aufl., Frankfurt a. M. 1980, 36; vgl. hierzu auch Bovenschen (Anm. 20), 85.

27 Becker-Cantarino (Anm. 20), 272; vgl. hierzu auch Schiebinger (Anm. 13), 57f: »In dieser Hinsicht gab es eine Reihe von ›Experimenten‹ im achtzehnten Jahrhundert, besonders in Deutschland, das erstaunlicherweise eine Vorreiterfunktion innerhalb der europäischen Nationen hinsichtlich der Akzeptanz von einzelnen Frauen und Afrikanern bei der Zulassung zum Universitätsstudium einnahm .... Die deutschen Universitäten erlebten zu dieser Zeit eine Erneuerung, und neue Universitäten, wie etwa die von Halle (wo ... Dorothea Erxleben 1754 ihr Medizinexamen ablegte) und Göttingen (wo Dorothea Schlözer 1787 ihre Dissertation einreichte), wurden gegründet«.

28 Wolfgang Martens, *Die Botschaft der Tugend. Die Aufklärung im Spiegel der Moralischen Wochenschriften*, Stuttgart 1968, 525.

29 Ibid., 529.

tens in seiner Studie über *Die Botschaft der Tugend* auch darauf, daß die Lektüre der Frauen sich sowohl quantitativ als auch qualitativ von der der Männer zu unterscheiden habe. Seine Analyse der in den Moralischen Wochenschriften empfohlenen ›Frauenzimmerbibliotheken‹ macht deutlich, daß die Lektüreanweisungen sich in erster Linie auf das Leitbild der Hausfrau, Ehefrau und Mutter beziehen, die auch bei ihrer Lektüre ihre häuslichen Pflichten nicht vernachlässigen darf[30]. Die »Gelehrsamkeit eines Frauenzimmers« soll »mehr weitläufig, als gründlich seyn«; dabei wird der Frau sowohl die mühsame Reise in die Tiefe als auch in die Ferne untersagt:

> Ein gelehrtes Frauenzimmer ist also eine Person, welche weiß, was ein Gelehrter weiß, ob sie dasselbe gleich nicht so wie er weiß, und noch viel weniger so gelernt hat. Es verhält sich gegen die Gelehrten, wie gegen die Kaufleute. Der Kaufmann geht zu Schiffe, und holt aus Norden den Zobel, und aus Indien die Diamanten und Perlen. Das Frauenzimmer bekommt diese Schätze, es ziert sich damit aus, und es ist eben so gut, als wenn es selber zu Schiffe gegangen wäre.[31]

Doch kann man mit den Schätzen, von denen im 16. Stück des *Geselligen* die Rede ist, eben nicht alles kaufen. Sie eignen sich zur Ausschmückung des weiblichen Körpers bzw. des häuslich-familiären Bereiches, doch die Türen der wissenschaftlichen Disziplinen Theologie, Jurisprudenz und Medizin bleiben verschlossen, denn: »Kein Frauenzimmer muß eine Gelehrte von Profeßion werden«.[32] Konnte der aufklärerische Kulturtypus des ›gelehrten Frauenzimmers‹ zunächst in der zwischenstaatlichen Konkurrenz als Maß der Fortschrittlichkeit instrumentalisiert werden, so wirkt sich der damit verbundene Anspruch auf Bildung, Öffentlichkeit und Machtteilhabe jedoch bald disfunktional – aus der Perspektive der Machtstärkeren versteht sich – in bezug auf die innergesellschaftliche Asymmetrie der staatlichen und familiären Machtbalancen aus. Allenfalls ein in den Hörsaal eingebauter vergitterter Käfig (Anna Maria van Schurmann)[33] oder der Platz hinter einer halbverschlossenen Tür (Luise Adelgunde Gottsched)[34] bleibt einigen wenigen ›kuriosen‹ Exemplaren des weiblichen Geschlechtes vorbehalten. Das bildungspolitische Konzept der weiblichen Gelehrsamkeit wird auch hier bereits vom machtpolitischen, d. h. der Anwartschaft auf bürgerliche Bestallungen und öffentliche Ämter entkoppelt. Die später dann zunehmend stigmatisierte Figur des ›gelehrten Frauenzimmers‹ wirkt dabei ebenso ›komisch‹ wie die fiktive Verkehrung der gesellschaftlichen Machtpositionen und der damit verbundenen Zugänge zu dem Emanzipationsfaktor Wissen: »Ich verbannete«, so heißt es in Gottscheds *Vernünftigen Tadlerinnen* (1725),

---

30 Ibid., 531 und 534f; vgl. hierzu auch Becker-Cantarino (Anm. 20), 173.

31 *Der Gesellige, eine moralische Wochenschrift*, Theil 1-6, Halle 1748-50, hier: 43. und 16. Stück, zit nach Martens (Anm. 28), 527.

32 Ibid., 43. Stück, zit. nach Martens (Anm. 28), 526.

33 Vgl. hierzu Eliabeth Gössmann, »Für und wider die Frauengelehrsamkeit. Eine europäische Diskussion im 17. Jahrhundert«, in: *Deutsche Literatur von Frauen*, hrsg. v. Gisela Brinker-Gabler, 2 Bde., München 1988, 1, 185-197, hier: 194.

34 Vgl. hierzu Becker-Cantarino (Anm. 20), 185ff.

in meinen Gedancken alle Manns-Personen aus meiner Vater-Stadt. Ich besetzte alle Aemter und Bedienungen mit lauter Weibs-Bildern. Der Rath wurde nicht mehr aus denen ansehnlichen Bürgern, sondern aus denen vernünfftigsten Bürgerinnen erwehlet. Sein Haupt war nicht ein Bürgermeister, sondern eine Bürgermeisterin. ... Am allerbesten gefiel mir die Betrachtung einer Weiblichen Hohen Schule. Denn meinem Bedüncken nach waren alle Professor-Stellen mit Weibes-Personen besetzt. ... Ja es fand sich eine spitzfündige, die aus einer sonderbahren Begierde neue Wahrheiten zu erfinden, die Frage aufwarff: Ob es denn eine so ganz ausgemachte Sache sey, daß die Manns-Personen Menschen wären?[35]

Sechzig Jahre später erklärt Christoph Martin Wieland in einem geschickten Strategiezug die Diskussion über die *Weibliche Bildung* (1786) für beendet:

> Daß die männliche Hälfte des Menschengeschlechtes sich keines ausschließenden Rechts an die Vortheile, die aus der Cultur der Wissenschaften entspringen, anzumaßen habe; und daß die andere Hälfte, die aus unsern Müttern, Gattinnen Schwestern und Töchtern besteht, ... ebensowohl gegründete Titel zur Aufklärung, Bildung und Verschönerung ihres Geistes und Herzens mit auf die Welt bringe als wir: eine so stark in die Augen leuchtende Wahrheit kann in unsern Tagen wohl keine Frage mehr seyn.[36]

Weder die kognitiven Voraussetzungen noch die gesellschaftliche Berechtigung der Frauen werden angezweifelt, sondern vielmehr »die angeborene Bestimmung des weiblichen Geschlechtes« zum »wahren Gesichtspunkt« erhoben, »aus welchem das Recht der Frauen an wissenschaftlicher Bildung« und die »Gränzen« der weiblichen »Wißbegierde« genauer zu bestimmen sei; »gleich dem Blumenvogel«, darf sie – die Frau – die »Früchte genießen ..., deren mühsame Erzielung uns [den Männern, d. V.] obliegt«.[37] Ob Henne oder Blumenvogel, das ›Federvieh‹ Frau darf ernten, aber nicht säen, lesen aber – über das Verfassen von empfindsamen Briefen und Gedichten hinaus – nicht selbst zum Federkiel greifen, d. h. zwar singen, aber nicht krähen, denn: »Ein Jüngling, der das Weib nachahmt, das er doch nie darstellen kann«, so Herder in seiner *Rezension der Gedichte von Sophie Mereau* (1800), »ist dem Weibe selbst verächtlich, so wie dem Mann die Henne widrig ist, die wie ein Hahn kräht«.[38]

In Herders fragmentarischer Frühschrift von 1765 *Wie die Philosophie zum Besten des Volks allgemeiner und nützlicher werden kann* finden wir unter der Rubrik ›Frauenzimmer‹ die stichwortartigen Bemerkungen »Ein Philosoph denke doch an ihre Auferziehung – Ist wichtig« und: »Haben keine Mittel; nicht Akademien; nicht Schulen; nicht Umgang; nicht Schriften« (HW 1,131). Doch aus dieser Analyse zur Bildungssituation der Frau folgt nicht etwa ein koedukatives Äquivalent zu einem schulreformerischen Entwurf für die männliche Jugend, wie in Herders *Journal meiner Reise*

---

35 Johann Christoph Gottsched, *Die Vernünftigen Tadlerinnen*, 2 Theile, Leipzig 1725/26, hier: Erster Jahr-Theil 1725, 7. Stück, 49ff.

36 Christoph Martin Wieland, *Sämmtliche Werke*, 36 Bde., Leipzig 1853-58, 36 (1858), 177-183; hier: 177.

37 Ibid. 180f.

38 Johann Gottfried Herder, *Sämmtliche Werke*, hrsg. v. Bernhard Suphan, 33 Bde., Berlin 1788-1913, 20, 363 (im folgenden SWS).

im Jahr 1769, oder gar, wie in Hippels Abhandlung *Über die bürgerliche Verbesserung der Weiber* (1792), die Forderung, daß der Staat »den Weibern Cabinette, Dikasterien, Hörsäle, Comptoire und Werkstätten« öffnen solle.[39] Vielmehr heißt es in dem skizzenhaften Entwurf: »werde nicht Philos[ophinnen] – nicht gelehrt – welche Wissenschaften ausgestrichen – / lerne nicht auswendig, lerne nichts Männliche, Fremde: Kriege – Politik« (HW 1,131). Die stakkatoartigen Sentenzen lassen die Stoßrichtung der Argumentation nicht im Unklaren: Die grundlegende Unterscheidung »zwischem einem gelehrten Mann und Frau« – wohlgemerkt nicht jene zwischen dem Typ des gelehrten Mannes und der gelehrten Frau, sondern zwischen dem gelehrten Mann auf der einen Seite und ›der Frau‹ auf der anderen Seite – führt auch ohne den ausgeführten Begründungszusammenhang zum Ausschluß der Frauen, vor allem jener »Daciers«[40], welche trotz Berufsverbot die Gelehrsamkeit professionell betreiben, aus öffentlich-staatlichen Bildungsinstitutionen und Wissenschaftsbetrieb. Den gehäuften Negationen steht als Position der Imperativ entgegen: »lerne schön denken« (HW 1,131). Der männlichen Gelehrsamkeit korrespondiert nicht die weibliche, sondern der ›schöne Verstand‹.

Das Geschlecht (gender) ist bei Herder die grundlegende Wahrnehmungs- und Handlungskategorie: Der Mensch, dessen Sprache durch die Artikel als »Genetalien der Rede« alles »zu Weib und Mann personificirt« (SWS 5,48f), kennt, indem er handelt, »keine andre Klassen, als Mann und Weib und wenn die Philosophen Seelen bilden können: warum sollten unter ihnen nicht Manns- und Frauenzimmer-Philosophen sein können« (HW 1,125). Daß es Herder allerdings nicht um die Konstitution einer Art von feministischer Kulturwissenschaft geht, sondern vielmehr um den »Plan einer Frauenzimmer-Aesthetik« im Sinne eines genetivus obiectivus, verdeutlichen die drei Imperative »man lehre sie schön denken:/ lehre sie das Gefühl der Schönheit/ bilde sie für die Gesellschaft« (HW 1,103). Angesprochen ist hier nicht mehr das weibliche Publikum (»lerne schön denken«) als Subjekt, ja wenn schon nicht des Selbstdenkens, dann doch der Selbstbildung im Sinne einer spezifisch ›weiblichen Bestimmung‹ gegenüber dem ›männlichen Beruf‹, sondern dessen Lehrer. Das sinnliche Plappern der Mütter, die Sprache der Frau als »reiche Quelle des vielfach-Schönen« (SWS 22,137f) bedarf der Gesetzgebung des männlichen Grammaticus: »Das Weib, in der Natur so sehr der schwächere Theil, muß es nicht von dem erfahrnen, versorgenden, Sprachbildenden Manne Gesetz annehmen? Ja heißts Gesetz, was blos milde

39 Hippel (Anm. 16), 211.

40 Vgl. »Ob unsre Schulmethoden, unsre zerstückte Unterweisungen, unsre Kathedersprache, unsre gelehrte Gründlichkeit auf ihre Bildung (ich sage nicht: Unterricht!) passe? – können nichts, als Versuche und Erfahrungen entscheiden. Lasset nun einen ehrlichen Schulrektor oder gelehrten akademischen Professor ein Lehrer in dem werden, was sie bilden soll und kann: gebet ihn die fähigsten Zöglinge: lasset eine Frauenzimmerakademie ihm zuhören, die aber aus Gliedern bestünde, die selbst verständige, aber nicht gelehrte, und ja keine Daciers, sein müssen; nun gebet acht: sein gelehrter Vortrag ermüdet, er gibt auf zu lernen, Worte, die nie in ihre Sphäre gehören, Sachen, die sie nie brauchen können, Wahrheiten und Lehrsätze, die nicht für sie sind« (HW 1,401).

Wohlthat des Unterrichts ist?« (SWS 5,117f). Soll die anthropologische Philosophie als Philosophie des, über und für den Menschen eine ›Menschliche Sprache‹ sprechen, so gehört es auch zu diesem »Plan zur Bildung« (HW 1,104), der darauf zielt, die Frauen »zur Schönheit des Geistes zu bilden« (HW 1,401), die Sprache der Frauen sprechen zu lernen. Hierbei erscheint es ratsam, die männlichen ›Vormünder‹, die personalen Disziplinierungsfunktionen, »den Lehrer zu verbergen« (HW 1,132), um »mit den Worten, die ihren Lippen [der Frauen, d. V.] entwandt, den Weg [zu] wissen, in ihre Seele und an ihr Herz zu schleichen« (HW 1,402). So wird die gelehrte Unterweisung in ein »lebendig Gespräch« (SWS 4,394) überführt und die »Frauenzimmer-Philosophen« (HW 1,125) werden aufhören, »wie Mönche [zu predigen], die keine Weiber kennen« (HW 1,129).

In der dritten Sammlung der Fragmente *Über die neuere deutsche Literatur* von 1767 stellt Herder die ›gelehrte‹ bzw. ›philosophische‹ und die ›gemeine‹ bzw. ›aestetische‹ Sprache einander gegenüber:

> Ein Frauenzimmer, das gut, nicht aber gelehrt, erzogen ist, wird über Dinge, die in ihrer Sphäre sind, mit einer Geläufigkeit, ungekünstelten Bestimmtheit, und naiven Schönheit sprechen, daß sie gefällt; kömmt aber ein Schulgelehrter, der ihre Worte wägen will: so wird sie schüchtern werden; will er philosophische Erklärungen und Bestimmungen; so wird sie stammeln – nochmals stammeln, und endlich dasselbe Wort wiederholen; will er jetzt aber grammatische Zierlichkeiten lehren, wie sie es besser hätte sagen können: so wird sie sich loswinden, und ihn von weiten anhören:/ als ob der graduierte Mann/ mit einem Zauberfluche/ sie zu beschwören suche./ Warum? sie ist gewohnt, über ihre Welt klar, aber nicht logischdeutlich zu denken, verständlich und schön, aber nicht gelehrt und abgezirkelt zu sprechen (HW 1,396).

Zwischen der logisch-deutlichen und der sinnlich-schönen Sprache, denen jeweils die Konzepte ›Männlichkeit‹ resp. ›Weiblichkeit‹ zugeordnet sind, soll jedoch – so Herder – kein »Zaun« errichtet werden. Er beschreibt beide Erkenntnisformen bzw. Kommunikationsebenen als zwei nicht konzentrische Kreise ohne gemeinsamen Mittelpunkt, jedoch mit einer gemeinsamen Schnittfläche (HW 1,396f). Die Frau darf zwar von ihrer Seite des Zauns nicht den »schönen Garten« des häuslichen Zirkels verlassen, »nie über die Grenzen ihres Geschlechts hinaus[treten]« (SWS 20,363f). Doch der Mann kann versuchen, seinen Gesichtspunkt dem Mittelpunkt der Frau anzunähern, um gleichsam über den Gartenzaun hinweg in ihrer Sprache mit ihr zu sprechen. Die »Enzyklopädie der Frauenzimmerwissenschaften« bzw. »das Lehrbuch zu ihrer Bildung« darf demnach nicht »nach gelehrtem Zuschnitt sein: es muß statt eines Skeletts von Schulweisheit sich ihrem Verstande bequemen: und weil in der Welt der Damen immer die Worte gleichsam die Hüllen sind, in denen sie denken: so ist es das sicherste Zeichen, daß man dies erreicht, wenn man in ihrem Bezirk mit ihnen sprechen gelernt« (HW 1,401).

Um eine Frauenzimmer-Philosophie als Philosophie des Frauenzimmers (genetivus obiectivus) zu errichten, »wird hier nicht eine Einführung des Philosophen in die Frauenzimmerkabinette, und Gesellschaften erfodert«, – geschweige denn eine Öffnung der universitären Hörsäle. In der Schrift *Auch eine Philosophie der Geschichte zur*

Bildung der Menschheit (1774) beklagt Herder: »Frauenzimmer sind unser Publikum, unsere Aspasien des Geschmacks und der Philosophie. Wir wißen Kartesianische Wirbel und Newtonische Attraktionen in ein Schnürleib einzukleiden: schreiben Geschichte, Predigten und was nicht mehr? für und als Weiber« (SWS 5,552). Wirksamer als die ›Verweiblichung‹ der männlichen Gelehrsamkeit oder gar die Disziplinierung des weiblichen Verstandes durch den männlichen Lehrer ist die ›Einschleichung‹ in die weiblichen Herzen als Moment der weiblichen ›Selbstbildung‹ durch einen didaktischen Trick, und zwar mittels einer »Unterhaltung gegen dies schöne Geschlecht, die ihre feinsten Ideen herauslockt und zeigt, und die Weltweisheit mit einem so schätzbaren Teile, der Känntnis des schönen Volks bereichert, die die Grundlage zur Bildung desselben sein muß: Bildung für den Menschen, den Mann, die Gesellschaft und die Kinder!« (HW 1,132)[41].

Zum ›schönen Volk‹ zählt Herder dabei neben den ›Frauenzimmern‹, die von den Orten männlicher Gelehrsamkeit ausgeschlossen bleiben sollen, auch die »edlere[n] Mannspersonen auf Schulen und Akademien« (HW 1,131). Der Begriff Volk enthält so neben der sozialen Dimension (›edel‹ vs. ›adelig‹) die Konnotation einer gesellschaftlichen bzw. nationalen Utopie. In der *Anlage* zur Abhandlung *Wie die Philosophie zum Besten des Volks allgemeiner und nützlicher werden kann* (1765) führt Herder seinen »Plan der Frauenzimmerstudien etc. einer Aesthetik etc.« (HW 1,131) stichwortartig weiter. Zunächst wird der Untergliederungspunkt ›Philosophie als Mittel des Volks‹ nochmals unterteilt in die Philosophie »der Männer« und in die Philosophie »des Frauenzimmers«, welche in engem Zusammenhang mit der zentralen Formel »Philosophie wird auf Anthropologie zurückgezogen« steht. Die nützliche, auf den Menschen bezogene Philosophie[42] soll »nach den Gattungen des Volks modifiziert« werden, was neben der soziologischen bzw. ständischen Differenzierung auch die geschlechtsspezifische einschließt. Und so heißt es unter der Rubrik ›Frauenzimmer‹: »ist am meisten Volk«

41 Aufschlußreich sind in diesem Zusammenhang die Parallelen zu den *Beobachtungen über das Gefühl des Schönen und Erhabenen* (1763) von Immanuel Kant, dessen Vorlesungen über Logik, Metaphysik, Moral usw. Herder von 1762 bis 1764 in Königsberg besucht hat: »Der Inhalt der großen Wissenschaft des Frauenzimmers ist vielmehr der Mensch und unter den Menschen der Mann«, so wird das Popesche Motto ›The proper study of mankind is man‹ hier variiert: »Das schöne Geschlecht hat eben so wohl Verstand als das männliche, nur es ist ein schöner Verstand, der unsrige soll ein tiefer Verstand sein .... Der schöne Verstand wählt zu seinen Gegenständen alles, was mit dem feineren Gefühl nahe verwandt ist, und überläßt abstracte Speculationen oder Kenntnisse, die nützlich, aber trocken sind, dem emsigen, gründlichen, tiefen Verstande« (GS,2,229f). Und in Kants Vorlesungen über Metaphysik heißt es in den Herderschen Nachträgen: »Deutlichkeit extensiv lebhaft (gibt schönen Verstand): je mehr unmittelbar klare coordinirte Merkmale ich mir in einer Sache vorstelle davon ein jedes ein Grund der Deutlichkeit ist: aber intensiv wenn ich in einem Merkmale forsche, das Merkmal mittelbar aufsuche. Dadurch wird die Erkenntnis rein, tief und der Verstand tiefsinnig – Frauenzimmer extensiven schönen Verstand: der Man intensiven – Frauenzimmer Verstand also nicht tief machen wollen, sondern schoner bey Männern ist die Schonheit Nebensache: die Tiefe die Hauptsache« (GS,28/2.1,870f); vgl. hierzu auch Bennent (Anm. 24), 96ff und den Kommentar Ulrich Gaiers (HW,1,989).

42 Vgl. »Soll die Philosophie den Menschen nützlich werden; so mache sie den Menschen zu ihrem Mittelpunkt« (HW 1,125).

(HW 1,103). Die attributive Ergänzung »ist am meisten Volk« in bezug auf die Frau meint hier kein demographisches Verhältnis oder die Ablehnung des gesellschaftlichen Minderheitenstatus für das weibliche Geschlecht, sondern verweist vielmehr auf die innige Vernetzung der anthropologischen, geschichtsphilosophischen und sprachtheoretischen bzw. ästhetischen Denkkategorien bei Herder. Denn die Frau spricht wie das Volk eine ›ursprünglichere‹ bzw. ›sinnliche Sprache‹. Und wie dieses, so ließe sich folgern, verweist ihre spezifische Affektmodellierung, von der die ›Unverbildetheit‹ als Resultat des Ausschlusses von den gesellschaftlichen Bildungs- und Machtpositionen nur eine ist, auf ein – in Abgrenzung zu dem englischen und französischen Prozeß der Staatenbildung – relevantes Leitbild für die Konstitution des deutschen Nationalstaates.

Wird in der Rousseauschen Zivilisationstheorie der Niedergang der Moralität und die Zerrüttung der Staatswesen in einen Zusammenhang mit der Dekadenz der Frauen, ihrem Bedürfnis nach Luxus und nach Wissen gestellt, so verspricht sich auch Herder von ihnen nicht gerade die Rettung der Menschheit. Allein indem die ›Frauenzimmer‹ jedoch aus den »Hörsäle[n] und Studierzimmer[n] der Gelehrten« (HW 1,401) sowie von dem »Politischen und Exercierplatz unsrer Welt« ferngehalten werden, bleiben sie »die Einzigen wahren Menschlichen Geschöpfe« (BW 1,47). Gleichwohl geht bei Herder die Konzeptualisierung des Weiblichen nicht so weit, daß die Frau für einen Zustand des ›Goldenen Zeitalters‹ vor der zivilisatorischen Depravierung oder gar für einen arkardischen Zustand danach stünde: Die utopische Konstruktion des Weiblichen als Zeichen des sinnlichen (Psychogenese) und zivilisatorischen Ursprungs (Soziogenese) fällt gleichsam aus der geschichtsphilosophischen Konstruktion heraus[43], ist nicht nur ort-, sondern auch geschichtslos. Herder, der dem ethnozentristischen Konzept der Rasse den Gedanken der ›Einheit des Menschengeschlechts‹ entgegenhält[44] und allein graduell zwischen mehr oder minder zivilisierten Völkern unterscheidet, situiert das Konzept ›Weiblichkeit‹ nicht als kulturell bzw. historisch-gesellschaftlich Gewordenes, sondern als quasi-natürliche Konstante. Die soziale Differenzierung der Geschlechter findet sowohl auf anthropologischer als auch auf geschichtsphilosophischer Grundlage Legitimierung: Zum einen wird – so zum Beispiel in den *Fragmenten* (1767) und in der Bückeburger Geschichtsphilosophie (1774) – die onto- und phylogenetische Entwicklung der Menschen mittels einer ›männlichen‹ Lebensalteranalogie (Kind, Knabe, Jüngling, Mann, Greis) veranschaulicht, zum anderen männlich-kraftvolle Aufstiegs- und weibliche (bzw. ›weibische‹) Verfallsformen der Kulturen kontrastiert.[45] Dabei fungiert das Verhältnis der Geschlechter untereinander geradezu als Zivilisationsindikator: »An keinem Umstande, glaube ich«, so heißt es im zweiten Teil von Herders *Ideen zur Philosophie der Geschichte der Menschheit* (1785), »läßt sich der eigentliche Charakter eines Mannes oder einer Nation so unterscheidend erkennen, als an der Be-

43 Vgl. Bovenschen (Anm. 20), 176.

44 Vgl. hierzu den Kommentar von Martin Bollacher, in: Johann Gottfried Herder, *Werke*, 10 Bde., Bd. 6: *Ideen zur Philosophie der Geschichte der Menschheit*, hrsg. v. Martin Bollacher, Frankfurt a. M. 1989.

45 Vgl. hierzu auch Bovenschen (Anm. 20), 183, 185.

handlung des Weibes« (HW 6,318). Das Verhältnis der Geschlechter wird hier auf die ›natürlichen‹ Verhältnisse von Macht und Unterwerfung – in Unterscheidung zu den ›künstlichen‹ Herrschafts- und Regierungsformen[46] – bezogen und von einer asymmetrischen Geschlechtercharakteristik abgeleitet: »Die Erste Mannes-Tugend«, die Herder an der Geschichte der Menschheit abliest, ist der »männliche Mut, auf der Erde zu herrschen« (HW 6,323), dann folgt die »Liebe des Vaters zu seinen Kindern« (HW 6,324), und als das »dritte und edelste Band der Männer« wird die »Freundschaft« bestimmt (HW 6,325)[47]. Dem steht auf seiten der Frau, als »Geschöpf, das ihm [dem Mann, d. V.] so unähnlich-ähnlich, das ihm in streitbaren Leidenschaften so ungleichartig gemacht hat, als es im Zweck der Vereinigung beider nur irgend geschehen konnte« (HW 6,316), der folgende Merkmalskatalog gegenüber: die weibliche »Liebe zum Schmuck und zur Schönheit«, »Reinlichkeit«, »süße Mutterliebe« und »die sanfte Duldung« bzw. »Gelassenheit«, mit welcher »das zarte Geschlecht« das »Joch [trägt], das ihm die rohe Übermacht der Männer« auferlegt hat (HW 6,320–323).[48] »Des Weibes Natur ist eine andre als des Mannes: sie empfindet anders, sie wirkt anders«, so wird die natürliche Herrschaft des Mannes über die Frau in den Herderschen *Ideen* abgeleitet. Die Konkurrenz im natürlichen Liebes- resp. Machtverhältnis der Geschlechter ist nicht erwünscht: »Elender, dessen Nebenbuhlerin sein Weib ist oder die ihn in männlichen Tugenden gar überwindet! Nur durch nachgebende Güte soll sie ihn beherrschen; und so wird der Zankapfel abermals ein Apfel der Liebe« (HW 6,316).[49]

---

46 Vgl. hierzu Herders Unterscheidung zwischen den »ersten, notwendigen, allgemeinen Naturgesetze[n] der Menschheit« (»Mann und Weib, Vater und Sohn, Freund und Feind sind bestimmte Verhältnisse und Namen«) und den Regierungsformen: »Führer und König, ein erblicher Gesetzgeber und Richter, ein willkürlicher Gebieter und Staatsverweser« (HW 6,326).

47 Vgl. hierzu auch Herders Hemsterhuis-Aufsatz über *Liebe und Selbstheit*: »es ist ein stolzes, aber ungereimtes Vorurtheil der Männer, daß nur sie zur Freundschaft taugen. Oft ist ein Weib zu ihr zarter, treuer, vester und goldreiner, als eine Reihe schwacher, fühlloser, unreiner Männerseelen; ... Es ist einem edlen Weibe süß, auch um ihres Mannes wegen zu leiden, geschweige sich mit ihm zu freuen, und Er sich in Ihr, Sie sich in Ihm wirksam, frölich, honett, geschätzt und glücklich zu fühlen« (SWS 15,311).

48 Vgl. hierzu: »Glücklich, daß die Natur das weibliche Herz mit einem unnennbar-zarten und starken Gefühl für den persönlichen Wert des Mannes ausgerüstet und geschmückt hat. Durch dies Gefühl erträgt sie auch seine Härtigkeiten: sie schwingt sich in einer süßen großen Begeisterung so gern zu allem auf, was ihr an ihm edel, groß, tapfer, ungewöhnlich dünket: mit erhebender Teilnehmung hört sie männliche Taten, die ihr, wenn der Abend kommt, die Last des beschwerlichen Tages versüßen und es zum Stolz ihr machen, daß sie, da sie doch einmal zugehören muß, einem solchen Mann gehöre. Die Liebe des Romantischen im weiblichen Charakter ist so eine wohltätige Gabe der Natur, Balsam für sie und belohnende Aufmunterung des Mannes« (HW 6,322).

49 Vgl. hierzu die Worte, die Jean-Jacques Rousseau Julie in ihrem 46. Brief an St. Preux in den Mund legt: »Angriff und Verteidigung, der Mannsleute Verwegenheit und der Frauenzimmer Schamhaftigkeit sind nichts Künstliches, wie Deine Philosophen glauben, sondern Anordnungen der Natur, ... Ein vollkommnes Frauenzimmer und eine vollkommne Mannsperson dürfen einander ebensowenig der Seele noch der Gesichtsbildung nach ähnlich sein; jenes nutzlose Streben, es dem andern Geschlecht gleichzutun, ist der höchste Grad der Unvernunft, bringt den Weisen zum Lachen und verscheucht die Liebesgötter« (Jean-Jacques Rousseau, *Julie oder Die Neue Héloïse. Briefe zweier Liebenden aus einer kleinen Stadt am Fuße der Alpen* [1761], hrsg. v. Reinhold Wolff, München 1978, 127.

III.

Die Ableitung des Denkmodells der konkurrenzlosen Komplementarität der Geschlechter aus einem als natürlich gesetzten Machtdifferential findet sich auch bei Jean-Jacques Rousseau. Im *Contrat Social* von 1762 heißt es im Kapitel *Frühe gesellschaftliche Vereinbarungen*: Die Familie als »das erste Muster der politischen Gesellschaft«, in welcher »der Herrscher ... für den Vater, das Volk für die Kinder« stehe, sei »die älteste und die einzig natürliche Gesellschaft«.[50] Die Strukturhomologie von Staat und Familie, die den patriarchalischen Hirtenverbänden in der dritten Phase des fingierten Naturzustandes der *Abhandlung über den Ursprung und die Grundlagen der Ungleichheit unter den Menschen* (1755) entspricht, setzt jedoch die gesellschaftlichen Verhältnisse Eigentum und (geschlechtsspezifische) Arbeitsteilung bereits voraus. Im zweiten *Discours* unterscheidet Jean-Jacques Rousseau grundsätzlich zwischen »zwei Arten von Ungleichheit unter den Menschen«: »Eine nenne ich die natürliche oder physische Ungleichheit, weil sie von der Natur eingeführt worden ist. Sie besteht in der Verschiedenheit des Alters, der Gesundheit, der körperlichen Stärke und der Geistes- oder Seelenkräfte. Die andere könnte man eine sittliche oder politische Ungleichheit nennen, weil sie von einer Art von Übereinkunft abhängt«.[51] Auch beim Geschlechterverhältnis Liebe unterscheidet Rousseau zwischen dem ›Physischen‹ und dem ›Sittlichen‹:

> Das Physische darin ist ein allgemeines Verlangen, das ein jedes Geschlecht trägt, sich mit dem anderen zu vermischen: ... Man kann leicht sehen, daß das Moralische der Liebe eine gemachte Empfindung ist. Es ist aus der eingeführten Gewohnheit der Gesellschaft entstanden, und die Weiber haben mit viel Geschicklichkeit und Sorgfalt darauf zu halten gewußt, wodurch sie ihre Herrschaft gegründet und einem Geschlechte die Regierung verschafft haben, das eigentlich Gehorsam leisten sollte.[52]

Die ›heimliche‹, da auf den familiären Binnenraum beschränkte Macht der Frauen über die Männer[53] wird aus den im Prozeß der Zivilisation zunehmend komplexer werdenden Abhängigkeiten abgeleitet. Im fingierten Naturzustand dagegen, als die Menschen »nichts als das physische Gefühl der Liebe« hatten[54], vermischten sich »die

---

50 Jean-Jacques Rousseau, *Vom Gesellschaftsvertrag oder Prinzipien des Staatsrechts, Politische Schriften*, 2 Bde., hrsg. v. Ludwig Schmidts, Paderborn 1977, 1, 62f.

51 Jean-Jacques Rousseau, *Abhandlung über den Ursprung und die Grundlagen der Ungleichheit unter den Menschen, Schriften*, hrsg. v. Henning Ritter, 2 Bde., Frankfurt a. M. 1988, 1, 191.

52 Ibid., 222f.

53 Vgl. hierzu das Unterkapitel »Voraussetzungen einer glücklichen Ehe« im 5. Buch von Jean-Jacques Rousseaus *Emil oder Über die Erziehung*, hrsg. v. Ludwig Schmidts, 10., neubearb. Aufl., Paderborn [u. a.] 1991, 446: »Es ist ein großer Unterschied, ob man sich die Befehlsgewalt anmaßt oder ob man den beherrscht, der befiehlt. Die Herrschaft der Frau ist eine Herrschaft der Sanftmut, der Geschicklichkeit und der Nachgiebigkeit. Ihre Befehle sind Zärtlichkeiten, ihre Drohungen sind Tränen«.

54 Rousseau (Anm. 51), 223.

Weiber und Männer ..., wie sie sich begegneten und wie sie Gelegenheit und Lust dazu hatten«.[55] Erst aus der Entstehung des Eigentums und der Familie wird die geschlechtsspezifische Arbeitsteilung abgeleitet[56]: »Das männliche und weibliche Geschlecht, die bis dahin auf einerlei Art gelebt hatten, fingen jetzt an, eine verschiedene Lebensart anzunehmen. Die Weiber blieben fleißiger zu Hause, um auf die Hütte und auf die Kinder acht zu haben, und die Männer gingen aus, den gemeinschaftlichen Unterhalt einzuholen«[57]. Wird hier die Geschlechterdifferenz noch historisch-kulturell begründet, so führt Rousseau im 5. Buch des *Émile ou de l'éducation* von 1762 jedoch einen »doppelten Gesichtspunkt« in der Vergleichung der Geschlechter an: »In allem, was nicht mit dem Geschlecht zusammenhängt, ist die Frau Mann« bzw. »nur durch ein Mehr oder Weniger« von ihm unterschieden: »In allem, was mit dem Geschlecht zusammenhängt«[58], d. h. vor allem »in bezug auf die Folgen der geschlechtlichen Beziehungen gibt es zwischen den beiden Geschlechtern keine Gleichheit«.[59] Nunmehr leitet sich bereits aus der »Vereinigung der Geschlechter« das asymmetrische Machtverhältnis von »Angriff und Verteidigung« ab, das sich in der Komplementarität der Geschlechtskonzepte spiegelt: »Der eine muß aktiv und stark sein, der andere passiv und schwach«.[60] Der Zivilisierungsfaktor Scham als Ausdruck einer vorgerückten Anstands- bzw. Peinlichkeitsschwelle[61], wird von Rousseau bereits in seinem *Brief an d'Alembert über das Schauspiel* (1758) ausschließlich auf die spezifische Natur der Frau zurückgeführt. Die Scham der Frau, mit der sie ihre Begierden beschränkt, entspricht in dieser zivilisatorischen Rationalisierungsstrategie der männlichen Vernunft, die Leidenschaften zu beherrschen. Der Frage, »Warum ... soll für eine Frau beschämend sein, was es für den Mann nicht ist?«, wird von Rousseau – diesmal den Zustand der Natur vom gesellschaftlichen des Eigentums und der Familie ableitend – der Hinweis auf ihre biologische Mutterschaft entgegengehalten: »Als ob all die strengen Pflichten der Frau nicht allein daher kämen, daß ein Kind einen Vater haben muß!«[62] Im *Discours sur l'inégalité* wird dagegen die Argumentationsebene der natürlichen und gesellschaftlichen Machtverhältnisse noch methodologisch vonein-

55 Ibid., 210.

56 Vgl. hierzu auch Inge Baxmann, »Von der Egalité im Salon zur Citoyenne. Einige Aspekte der Genese des bürgerlichen Frauenbildes«, in: *Fachwissenschaftliche und fachdidaktische Beiträge zur Geschichte der Weiblichkeit vom frühen Mittelalter bis zur Gegenwart*, hrsg. v. Annette Kuhn, Jörn Rüsen, Frauen in der Geschichte 3, Düsseldorf 1983, 109-137, hier: 125.

57 Rousseau (Anm. 51), 234f; vgl. hierzu auch Herders *Ideen*: »Die meisten Völker ... haben das weibliche Geschlecht zu Haustieren erniedrigt und ihm alle Bescherlichkeiten der Hütte aufgetragen: durch Eine Gefahrvolle, kühne, männliche Unternehmung glaubte der Mann dem Joch der kleinen Geschäfte entnommen zu sein und überließ diese den Weibern« (HW,6,318).

58 Rousseau (Anm. 53), 315f.

59 Ibid., 389.

60 Ibid., 386.

61 Vgl. hierzu das Kapitel VI. *Scham und Peinlichkeit* in Elias' *Entwurf zu einer Theorie der Zivilisation* (Anm. 3), 2, 397-409.

62 Jean-Jacques Rousseau, *Brief an d'Alembert über das Schauspiel*, *Schriften*, hrsg. v. Henning Ritter, 2 Bde., Frankfurt a. M. 1988, 1, 420.

ander getrennt und der Beweis geführt, »daß der Unterschied zwischen Mensch und Mensch in dem Stande der Natur weit geringer sein müsse als im Stand des gesellschaftlichen Lebens, und daß die bei dem menschlichen Geschlecht eingeführte Ungleichheit die natürliche um ein Vielfaches vermehrt haben müsse«.[63] Dagegen wird im 5. Buch des *Émile* die gesellschaftliche Ungleichheit zwischen Mann und Frau von der als vernünftig gesetzten Naturordnung abgeleitet und somit gleich dreifach – qua positivem Recht, Vernunft und Natur – legitimiert: »Wenn sich die Frau darüber beklagt, daß die Ungleichheit zwischen ihr und dem Mann ungerecht ist, so hat sie unrecht. Diese Ungleichheit ist keine menschliche Einrichtung, zum mindesten nicht das Werk eines Vorurteils, sondern das der Vernunft. Wem die Natur Kinder auszutragen anvertraut hat, der ist dem anderen dafür verantwortlich«.[64] Rousseau wechselt also in seinem Diskurs über das Theater bzw. über die Erziehung gegenüber seinem Diskurs über die Natur den Begründungszusammenhang, indem die historisch entstandene geschlechtspezifische Arbeitsteilung (soziale Mutterschaft) und die damit verbundenen unterschiedlichen Lebenskontexte von Mann und Frau als Grundlage des Außen-Innen-Schematismus auf die Kategorie ›Natur‹ (biologische Mutterschaft) zurückgeführt werden.: »Woher kommt dieser Unterschied, wenn es nicht die Natur ist, die den Frauen diese sitzende und häusliche Lebensweise auferlegt, den Männern aber genau die entgegengesetzte vorschreibt?«[65] Während sich Rousseau im zweiten *Discours* aus methodologischen Gründen noch dagegen verwehrt, die Beschreibung der sogenannten Wilden in der europäischen Reiseliteratur als Beleg für den natürlichen Menschen zu verwenden, wird der Nachweis der männlichen Natur im Zustand der Depravation des Geschlechterverhältnisses am Beispiel der ›weiblichen Öffentlichkeit‹ des Salons demonstriert: »Jede Pariserin versammelt in ihrer Wohnung ein Serail von Männern, die weiblicher sind als sie selbst .... Aber man betrachte diese Männer, wie sie, freiwillig in dieses Gefängnis gesperrt, dauernd aufstehen, sich hinsetzen, hin und her gehen und immer wieder zum Kamin, zum Fenster zurückkehren, einen Schirm hundertmal in die Hand nehmen und wieder absetzen, wie sie Bücher durchblättern, Bilder überfliegen, sich im Raume drehen und tänzeln«[66] Dieser Gefahr der ›Verweiblichung‹[67] entgehen die Männer nur in ihren ›Männerzirkeln‹: »Die Männer sind unter sich, brauchen ihre Begriffe nicht dem geringeren Fassungsvermögen der Frauen anzupassen, brauchen die Vernunft nicht in Galanterie zu kleiden«.[68]

Aus der Herleitung des gesellschaftlichen Machtdifferentials aus der natürlichen Geschlechterdifferenz resultiert ein geschlechtsspezifisches Erziehungs- bzw. Bildungspro-

63 Rousseau (Anm. 51), 226.

64 Rousseau (Anm. 53)., 390.

65 Rousseau (Anm. 62), 438.

66 Ibid., 437f.

67 Vgl. hierzu ebd., 436: »dieses schwächere Geschlecht ist außerstande, unsere Lebensweise anzunehmen, die ihm zu beschwerlich ist, und zwingt uns deshalb zu der seinen, die für uns zu weichlich ist. Weil sie keine Männer werden können, machen die Frauen uns zu Frauen«.

68 Ibid., 441.

gramm für Sophie, Émiles fiktivem Äquivalent, dem neuen Leitbild der unverbildet-empfindsamen Weiblichkeit, das die ›Männerphantasien‹ (Theweleit) der deutschen Stürmer und Dränger beeinflußte: »Nachdem einmal bewiesen ist, daß der Mann und die Frau weder nach dem Charakter noch nach dem Temperament gleich gebildet sind noch sein dürfen, so folgt daraus, daß sie auch nicht die gleiche Erziehung haben dürfen«. Und aus der traditionellen Ableitung der kulturellen Funktion der Frauen aus ihrer biologischen resultiert wiederum: »Sie müssen viel lernen, aber nur das, was sich für sie schickt«[69]: »Die Erforschung der abstrakten und spekulativen Wahrheiten, die Prinzipien und Axiome der Wissenschaften, alles, was auf die Verallgemeinerung der Begriffe abzielt, ist nicht Sache der Frauen. Ihre Studien müssen sich auf das Praktische beziehen«.[70] Die »Sonderbestimmung ihres Geschlechts« erhebt den Mann zum Gegenstand und Telos der weiblichen Bildung: »Die ganze Erziehung der Frauen muß daher auf die Männer Bezug nehmen. Ihnen gefallen und nützlich sein, sie in der Jugend erziehen und im Alter umsorgen, sie beraten, trösten und ihnen das Leben angenehm machen und versüßen: das sind zu allen Zeiten die Pflichten der Frau, das müssen sie von ihrer Kindheit an lernen«.[71] Der Mann (Émile), ist dazu bestimmt, Lehrer der Frau zu werden, die Frau (Sophie) »wird nicht der Lehrer ihres Mannes sein, sondern seine Schülerin«.[72]

IV.

Auf seiner Reise von Straßburg nach Bückeburg berichtet Johann Gottfried Herder im April 1771 seiner Verlobten Caroline Flachsland von seiner *Émile*-Lektüre (BW 1,177). Caroline lernt daraufhin fleißig Französisch[73], da ihr in Darmstadt keine deutsche, sondern nur J. H. Mercks französische Ausgabe zur Verfügung steht und »betheuert, daß alle meine Bübchen und Mädchen à la Roußeau erzogen sollen werden« (BW 1,273). Stilisierten sich die beiden Liebenden nach der Vorlage des 1766/67 in erster Fassung erschienenen *Agathon*-Romans von Wieland im Darmstädter Kreis der Empfindsamen in die Rollen von Agathon und Psyche[74], so liefert ihnen Rousseau nun eine neue empfindsame Vorlage als Émile und Sophie. Caroline, das »unschuldige, Gefühlvolle, Tugendhafte Kind« (BW 1,28) schreibt an Herder: »ach ich möchte gern Sophie bey Emil seyn und lernen, wenn Sie nur dadurch glück-

---

69 Rousseau (Anm. 53), 392f.

70 Ibid., 420.

71 Ibid., 393f.

72 Ibid., 449.

73 Vgl. Caroline Flachslands Brief an Herder aus Darmstadt vom 12. August 1771: »Ich lerne noch unermüdet, so viel nur die WaßerCur, die ich Morgends trinke, zuläßt, Französisch. es ist eine undankbare Arbeit, Wörter auswendig zu lernen, aber für Roußeau thue ich alles; mir ist er eine Heiliger, ein Prophet, den ich fast anbete« (BW 1,285).

74 Vgl. hierzu Ulrike Prokop, »Frauen in der Epoche des Sturm und Drang«, in: *Sturm und Drang*, hrsg. v. Christoph Perels, Frankfurt a. M. 1988, 350-371, hier: 363ff.

lich seyn könnten« (BW 1,354)[75]. Der fiktive Erzieher in Rousseaus *Émile*, dessen Verfasser im 1782 posthum veröffentlichten 1. Teil der *Confessions*[76] seine amourösen Vorlieben und weiblichen Bildungseinflüsse zu Herders großem Unwillen en detail schildern wird[77], äußert in bezug auf die Brautschau seines fiktiven Zöglings konkrete Vorstellungen:

> Für einen Mann von Bildung schickt es sich also nicht, eine Frau ohne Bildung zu heiraten .... Aber mir wäre ein einfaches und grobschlächtig erzogenes Mädchen hundertmal lieber als ein Blaustrumpf und Schöngeist, der in meinem Haus einen literarischen Gerichtshof einrichtet und sich zur Präsidentin macht. Ein Schöngeist ist eine Geißel für ihren Mann, ihre Kinder, ihre Freunde, ihre Diener, für alle Welt. .... Wenn es nur vernünftige Männer auf der Welt gäbe, so bliebe jedes gelehrte Mädchen ihr Leben lang alte Jungfer.[78]

Auch Herder wünscht sich seine junge Braut durchaus bildsam, aber nicht gelehrt, belesen, jedoch nicht verbildet: »wie sehr reizt an einem Frauenzimmer Bescheidenheit und Blödigkeit. Sie ist Gewand und die Mine der Unschuld, wie die Schaamröthe davon die Farbe ist«.[79] Diese »kleinen Verweise« (BW 1,53) an seine künftige Verlobte kontrastieren dabei nur auf den ersten Blick mit einer drastischen Situationsschilderung Herders direkt nach seiner Ankunft in Bückeburg: »Wüste Köpfe! und Steine, aus denen auch kaum mit Stahl eine Funke zu erschlagen ist! Weiber ohne Reize und Lecture! ohne Bildung und Bildsamkeit!« (BW 1,209).[80] Doch Caroline hat bereits gelernt: »mich hat der Himmel in Gnaden

75 Vgl. hierzu auch Herders Brief an seine Verlobte vom 27. und 28. August 1771 aus Bückeburg: »Ich lese auch R[ousseau] und habe von meinem Geburtstage an den Emil neu angefangen, um selbst mein Emil zu seyn« (BW,1,293) und Caroline Flachlands Brief an Herder vom 24. Oktober 1771: »Ich habe gestern R[ousseaus] Emil ausgeleßen. Sie können sich vorstellen, daß mir die Geschichte mit Sophie am besten gefiele. – allerliebstes Paar!« (BW,1,346) und »Wie gefällt Ihnen Sophie? ist es nicht ein liebes Mädchen? Sagen Sie mir Ihre Meinung von ihr, m e i n, m e i n Emil. – Gute Nacht, süßer Jüngling...« (BW 1,348).

76 Noch im selben Jahr erscheinen drei deutsche Übersetzungen: *Geständnisse nebst Selbstbetrachtungen des einsamen Naturfreundes* in der Übersetzung von Karl Gottfried Schreiter im Hartknochschen Verlagshaus in Riga und Leipzig, *Bekenntnisse*, anonym, Berlin 1782 und *Geständnisse von Johann Jakob Rousseau*, übers. v. Friderike Helene Unger, Berlin 1782.

77 Vgl. hierzu Herders Brief an Johann Georg Müller vom 11. Juli 1782, in: *Briefe*, 9 Bde., hrsg. v. Wilhelm Dobbek, Günter Arnold, Weimar 1977-1988, 4 (1979), 225f und ausführlicher Birgit Nübel, *Autobiographische Kommunikationsmedien um 1800. Studien zu Rousseau, Wieland, Herder und Moritz*, erscheint Tübingen 1994.

78 Rousseau (Anm. 53), 447f; vgl. hierzu die Begründung des (fiktiven) Erziehers zur Wahl von Sophie für seinen Zögling ebd., 448: »Sie hat kein Fachwissen, aber ihr Geist ist zum Lernen geschult. ... Welch liebenswerte Unwissenheit! Glücklich der, den man bestimmt, ihr Lehrer zu werden! Sie wird nicht der Lehrer ihres Mannes sein, sondern seine Schülerin«.

79 ›Blöde‹ bedeutete bis ins 17. Jahrhundert ›gebrechlich, zaghaft, schwach‹; vgl. hierzu ausführlicher Georg Stanitzek, *Blödigkeit. Beschreibungen des Individuums im 18. Jahrhundert*, Hermaea. N.F. 60, Tübingen 1989.

80 Vgl. hierzu auch Carl Friedrich Pockels dialogisierte »Nachlese« zu den »Gelehrte[n] Weiber[n]« in seinem *Versuch einer Charakteristik des weiblichen Geschlechts. Ein Sittengemählde des Menschen, des Zeitalters und des geselligen Lebens*, 4 Bde., Hannover 1797-1802, 2 (1798), 296-345, hier:

davor [vor der Gelehrsamkeit, d. V.] bewahrt, aber ein wenig zuviel bewahrt; o adieu Gelehrsamkeit! sehn sie nicht wie geschwind ich davon laufe, wann ich nur von ihr höre« (BW 1,36). Anlaß für diese Beteuerung ist die Begegnung Herders mit der Markgräfin von Baden, welche er seiner Verlobten in einem auf den 1. September 1770 datierten Brief schildert. Während Herder sich mit dem Fürsten, über »die Einrichtung und Freiheit des Menschlichen Geschlechts« unterhält, als ob diese bereits errichtet seien und die Standesgrenzen nicht mehr bestünden, redet er mit dessen Gemahlin »wie ganz aus einer andern Welt«, da er »mit ihrer Gelehrsamkeit keine Sympathie fühle«: »Ueberhaupt, da ich für keiner Creatur in der Welt mehr Abscheu habe, als für einem gelehrten Frauenzimmer, und wäre sie der erhabenste Geist, so werden wir uns wohl nie recht begegnen: so sehr ichs gestehe, daß sie ausnehmende Känntniße, Talente, Fähigkeiten, Geschäftigkeit, und rechte Studien hatte« (BW 1,18).

Bezeugen Herders Briefe an Caroline Flachsland einerseits die zeitgenössischen kulturellen Stereotypen des Weiblichen und speziell die Stigmatisierung der ›gelehrten Frau‹ zum monstrum naturae[81], so ist der hier zum Ausdruck kommende furor pädagogicus andererseits auch durchaus pragmatisch als unmittelbare Handlungsanweisung an die zukünftige Ehefrau und Mutter zu verstehen. Die ›weibliche‹ Bildung, der hier als ›Bildung zur Weiblichkeit‹ auf der individualgeschichtlichen bzw. (inter-) individuellen Ebene gleichsam eine Kontroll- bzw. Dressurfunktion zukommt,[82] fungiert auf der gesellschaftlichen und mithin universalgeschichtlichen Ebene als sozialer Ausschluß von gesellschaftlichen Bildungs- und mithin Machtansprüchen: »alle Sachen, alle Materien, alle Wißenschaften sind nie für die Weiber, und über viele können sie in ihrem Leben nicht anders als schiefe Urteile fällen«, so schreibt Herder am 20. September 1770 an seine Verlobte,

> allein desto beßer für sie, daß diese nicht für sie sind. Für sie bleibt nur das, was bildet, was die Seele Menschlich aufklärt, die Empfindungen Menschlich verfeinert, und sie zur Zierde der Schöpfung, zum Reiz der Menschlichen Natur, zum höchsten Gut der Glückseligkeit eines fühlbaren, würdigen Jünglings, zu immer neuen, immer angenehmen Gattin eines würdigen Mannes, zum Vergnügen einer guten Gesellschaft und zur Erzieherin guter Kinder macht! (BW 1,47f)

321f: »»Aber Gott bewahre uns vor einer Gehülfinn ohne alle Bildung! Es ist für einen gebildeten Mann keine größere Strafe und Pein auf Gottes Erdboden, als, – mit Ehren zu melden, ein Klotz von Weibe. Und, wenn die Frau noch so viel Geld hat, noch so wohlschmeckend kocht, und noch so fleißig spinnt, und sie hat kein Gefühl für Wahres, Großes und Schönes, und sie kann mit uns darüber nicht sympathisiren, und wir können nichts über küchliches und über spinnrockiges ... mit ihr reden; so ist sie den ganzen Tag für uns nichts mehr, als eine – Wanduhr, die wir bisweilen schlagen, oder singen hören, und diese Vorstellung macht uns auch sogar ihres nächtlichen Nießbrauchs bald überdrüßig«.

81 Vgl. Pockels (Anm. 81), 343: »Gott behüte jeden Mann unserer Art vor einer ungebildeten Frau! Das sage ich noch einmahl; aber eine sogenannte gelehrte Frau ist und bleibt auch entweder ein – lächerliches, oder ein widriges Geschöpf. Es steht entweder um ihre Gelehrsamkeit nicht richtig, oder wenn auch dieß ist; so steht es doch um sie als – Weib nicht richtig. Ist dieß aber, ist sie als Weib ein – Nichtweib; so hat sie etwas Monstreuses...«.

82 Vgl. hierzu Ulrike Prokop, »Die Einsamkeit der Imagination. Geschlechterkonflikt und literarische Produktion um 1770«, in: *Deutsche Literatur von Frauen*, 2 Bde., hrsg. v. Gisela Brinker-Gabler, München 1988, 1, 325-366, hier: 339ff.

Abschließend bleibt anzumerken, daß Herder auch die Gelehrsamkeit der Männer als »Höcker der menschlichen Natur« branntmarkt[83], vor der er allerdings – und hier liegt das Problem – das ›schöne Geschlecht‹ von vorneherein bewahren will:

> Sie haben Recht, daß ich auf das gelehrte Frauenzimmer vielleicht zu sehr erbittert bin; aber ich kann nicht dafür: es ist Abscheu der Natur. Eigentliche Gelehrsamkeit ist dem Charakter eines Menschen, eines Mannes schon so unnatürlich, daß wir ihr nur aus Noth uns unterziehen müßen, und dabei doch schon immer verlieren; in dem Leben, in der Seele, in dem Munde eines Frauenzimmers aber, die noch die Einzigen wahren Menschlichen Geschöpfe, auf dem Politischen und Exercierplatz unsrer Welt sind, ist diese Unnatur so tausendmal fühlbarer, daß ich immer sehr fürs Arabische Sprüchwort bin ›eine Henne, die da krähet, und ein Weib, das gelehrt ist, sind üble Vorboten: man schneide beiden den Hals ab! (BW 1,46f).

83 Vgl. hierzu Herders Brief an Caroline Flachsland vom 20. September 1770: »Wir Manspersonen haben den andern Zweck, uns zu braven würdigen, edlen, geltenden Personen, Männern, Vätern zu bilden; und nur dem eigentlichen Gelehrten bleibts übrig, sich nichts gleichgültig seyn zu laßen, was Wißen, was Känntniß ist – wer wird gern diese Last, diesen Höcker der Menschlichen Natur unnöthig mit ihm theilen wollen? denn unter nichts erliegt die wahre Empfindung, und Ausbildung und Geschmack und lebendige Menschliche Würksamkeit so sehr, als eben unter Gelehrsamkeit« (BW,I,48); Vgl. hierzu auch Bovenschen (Anm. 20), 182.

Dagmar Barnouw (Los Angeles)

POLITICAL CORRECTNESS IN THE 1780s: KANT, HERDER, FORSTER AND THE KNOWLEDGE OF DIVERSITY

I.

In the introduction to his *Bestimmung des Begriffs einer Menschenrasse*, Kant warned his readers not to succumb too easily to the fascinations of the new facts concerning racial and cultural variety and of the authority of observation. The occasion for this essay was the publication of Herder's *Ideen zur Philosophie der Geschichte der Menschheit* (1785). Like Herder, an avid consumer of travel literature, Kant challenged the explorers, whose investigation of the plural modes of the human species had »intrigued« rather than »satisfied« him. He contended that one can only look for something »if one knows beforehand what one should look for.« Furthermore, he argued that any concept to be elucidated »through observation« needs to be defined »clearly and in advance« *before* »appealing to experience.«[1] This essay and its sequel, *Muthmasslicher Anfang der Menschengeschichte*,[2] both published in the organ of Berlin Enlightenment orthodoxy, *Berlinische Monatsschrift* (November 1785 and January 1786), provoked the explorer and travel-writer Georg Forster to counter with *Noch etwas über die Menschenrassen* in two installments in Wieland's *Deutscher Merkur* (October and November 1786). Forster argued directly against the foundations of Kant's position, namely the cognitive supremacy *a priori* of the ideational and the conceptual fact over the empirical, the conceptual process.[3] He sent Herder a copy of his essay to declare

1 Immanuel Kant, *Bestimmung des Begriffs einer Menschenrasse,* in: Werke in Sechs Bänden, ed. Wilhelm Weischedel, Darmstadt 1966 [=Werke], Bd. 6: *Schriften zur Anthropologie, Geschichtsphilosophie, Politik und Pädagogik*, 65-82, here 65: »Die Kenntnisse, welche die neuen Reisen über die Mannigfaltigkeiten in der Menschengattung verbreiten, haben bisher mehr dazu beigetragen, den Verstand über diesen Punkt zur Nachforschung zu reizen, als ihn zu befriedigen. Es liegt gar viel daran, den Begriff, welchen man durch Beobachtung aufklären will, vorher selbst wohl bestimmt zu haben, ehe man seinetwegen die Erfahrung befragt; denn man findet in ihr, was man bedarf, nur alsdann, wenn man vorher weiss, wornach man suchen soll.« *Georg Forsters Werke. Sämtliche Schriften, Tagebücher, Briefe*, Akademie der Wissenschaften der DDR, Berlin 1958ff [=AA]. Unless otherwise stated, all translations from the German are mine and all emphases are those of the authors.

2 Immanuel Kant, Werke 6, 85-102; »Conjectural Beginning of Human History,« *Kant on History*, ed. Lewis White Beck, New York 1963, 53-68.

3 See here his letter to his friend, the anatomist Samuel Thomas Sömmering of July 23, 1786, AA (note 1) 1 (Briefe 1784 – Juni 1787, bearb. v. Brigitte Leuschner 1978), 515f: »Ich gestehe, dass ich neugierig bin, was man im Publikum sagen wird; denn in dem Ton hat man mich noch nicht sprechen gehört, wiewohl ich Herrn *Kant* gewiss mit der grössten Bescheidenheit und Glimpf widerlege... Ich wiederhole blos dies, dass es mir gar nicht drum zu thun war, eine neue Meinung vorzubringen, sondern den unrichtigen Kantschen Begriff zu widerlegen ... Ich wäre also hier Deinem Grundsatz, *Lebendige blos zu loben*, nicht getreu geblieben; allein mich dünkt, es komme dabei immer viel auf die Art an; und dann,

alliance with him against Kant who had criticized *Ideen* for its conceptual fuzziness and undiscriminating attitude towards cultural difference. He also wanted to acknowledge the importance of Herder's book for the development of his own work. Forster, however, saw himself clearly differing from Herder with regard to the intellectual's cultural status and function in a situation of rapid accumulation of new information that would be crucially important to cultural self-perception. Herder, he explained in the letter accompanying his essay, wrote in order to be, like Paulus, everything for everybody. »I only satisfy the impulse of the moment to communicate what seems *probable* to me.«[4]

Where Forster discussed, on the basis of particular anthropological information gathered by himself and others, the probability of certain hypotheses, Herder maintained their truth from the position of general assumptions. Notwithstanding the disagreements with Kant, Herder shared with him the authority of the philosopher who had come upon the new realities of human variety and cultural diversity with the mind's eye, transported linguistically. Forster's authority was that of the voyager who had come upon them with his feet, his hands, his eyes, ears, and nose; moreover, whose interpretation of his perceptions had included intervention. We are not concerned here with physical versus symbolic activity, since the explorer's observation, too, means symbolic organization. Rather, we are concerned with the interactive nature of Forster's understanding of authority: among other explorers, within interdependent cultural and natural environments, because this interaction on many different levels supported his tolerance for a working concept of truth as composite, relational, relative, processual, provisional – indeed probable.

Forster the voyager was wary of the fallacies and distortions produced by the particularly rigid hermeneutic circle suggested in Kant's relegating »experience« – experiential and observational knowledge – to the status of a quarry in which one can indeed only look for something »if one knows beforehand what one should look for.« The relation between concept and observation proposed by Kant – the concept's elu-

---

wenn das Publikum mir zuerkennen muss, dass ich Recht habe, gegen einen *Kant* Recht habe, so ist das auch für einen Gewinnst zu rechnen. Insbesondere hat er mir Blössen gegeben, wo er *Carterets* Reisebeschreibung falsch citiert, und falsche Schlüsse darauf baut.« Like Cook, Captain Philip Carteret was a traveler who wanted ›to get it right.‹ His account was included in the three volume edition by Dr. John Hawkesworth of the Admiralty's official collection *An Account of the Voyages undertaken . . . by Commodore Byron, Captain Wallis, Captain Carteret, and Captain Cook*, London 1773. This avidly awaited collection disappointed its readers' desire for more marvelous news, especially about the Patagonian giants: Wallis and Carteret – as well as Bougaineville's men – had measured them, and their measurements agreed that there were some individuals above six feet, but most of them were from 5 feet ten to six feet. See Percy G. Adams, *Travelers and Travel Liars 1660-1800*, New York 1980, 38-42.

4 Forster to Herder, July 21 1786, AA 14, 512. Herder's response to the essay must have been friendly: see Forster's letter to Sömmering, November 20, 1786, AA 14, 590: »Herder hat mir einen herzlichen Brief geschrieben wegen des Aufsatzes im Merkur, den er im Manuskript gelesen hat.« See also Forster's letter to Herder of January 21, 1787, AA 14, 620, thanking him for that letter: »Wie freut es mich, mit meinem Aufsatz Ihnen Freude gemacht zu haben!« – For the relation between Herder and Forster cf. Ludwig Uhlig, »Georg Forster und Herder«, *Euphorion* 84 (1990), 339–366; 339, note 1 also gives literature on the controversy between Forster and Kant.

cidation »through observation« once it had been defined »clearly and in advance« – made for an attitude towards knowledge production that Forster thought too static and therefore unworkable. In this case, as he put it pithily, one might wish to take care not to be deceived by »the most common illusion,« i.e., thinking that what one has been looking for has been found – in a place where it does not exist.[5] He was referring here to Kant's search for the ›true‹ color of the Tahitians which suspended the question of evidence until anthropologists were in a position to examine a Tahitian born in Europe, where the impact of the environment on the skin color would be neutralized. Kant's concept of race as defined by color had made him so eager to get hold of the ›true‹ article that, unable to envision the resulting flaws in the findings, he wanted it to be determined in the impoverished, indeed fictive environment of the scientist's laboratory.

Forster knew from experience that observation is impossible without conceptual guidance, whether it concerns structures of reasoning or hierarchies of value – both of them acculturated. He did not think useful a sharp separation between the »Empyriker« and the »Systematiker,« pointing out that for both of them attentiveness (»Aufmerksamkeit«), judgment (»Beurtheilungskraft«) and impartiality (»Unpartheylichkeit«) were of the essence.[6] And he expected the »contribution made by *recent travelers* to our knowledge of the human species« to be »measured by the standards mentioned above.« As an attentive and, as much as possible, impartial observer, he had seen the coexistence of light brown, dark brown, and black peoples in the South Sea, but also color variations among the same people, and a fairly uniform light brown shared by a large number of peoples with otherwise very different physical and cultural attributes.[7] Importantly, he had checked his impression against those of many other travelers in the South Sea and had found them agreeing in this matter, regardless of their different working concepts of *Menschenrasse.* Precisely this situation of agreeing on observational particularities while not sharing more general interpretative concepts made the agreement for him more reliable.[8] Could one not expect Kant to accept observational data thus confirmed

5 Georg Forster, *Noch etwas über die Menschenrassen*, AA 8, 130-156, here: 132: »dass man bei dem bestimmten Suchen nach dem was man bedarf, dasselbe oft auch da zu finden glaubt, wo es wirklich nicht ist.«

6 Here we find an explicit preference for the »open-minded observer« (»unbefangener Zuschauer«) over the principled, philosophical one, even if the latter finds more because he is looking for certain things: »Wer wollte nicht die wenigen Beobachtungen eines blossen, jedoch scharfsichtigen und zuverlässigen Empyrikers, den vielen geschminkten eines partheyischen Systematikers vorziehen? Überdies pflegen auch die offenen Augen des ersteren zuweilen wichtige Dinge zu bemerken, die derjenige nie gewahr wird, der sein Augenmerk stets auf gewisse, ihm vorher zur Aufsuchung anbefohlene Vorwürfe richtet« (133).

7 The issue here was not an acculturated perception of ›ugly,‹ that is, very dark skin, smallish stature, woolly hair and (a particular kind of) negroid features versus ›handsome,‹ namely light brown, tallish stature, ›pleasant‹ features and curly hair, but the (more than less) unmediated perception of different shades of skin color (134).

8 »Die Kritik dürfte wahrscheinlich die von vielen Reisenden auf eine gleichlautende Art erzählten Fakta gerade aus dem Grunde für wahr erklären, weil so verschiedene Menschen, von so verschiedenen Begriffen und Kenntnissen, in ihrer Darstellung des Beobachteten übereinkamen« (133f).

and give up his preconceived notion that color equals race? Refusing to do so, he had claimed that it was »not possible at that time to arrive at a definite idea of the true color of the South Sea Islanders« (AA 8, 134). But this assumption had been based on the assumption that there was such a thing as a ›true‹ color.

In this case, Kant's argument from concept seemed easily demolished. But the issue of the philosopher's license to feed his speculative hobbyhorse with highly eclectic, often simply erroneous information remained profoundly irritating to the empiricist Forster.[9] He did not think useful general statements on the issue of race and racism, especially because they had become so chic and divisive and therefore so seductive to Enlightenment intellectuals.[10] Arguing in *Noch etwas über die Menschenrassen* against Kant's *Genesis*-based thesis of human origin in one couple, Forster pointed out that there was no possible proof for it.[11] For an alternative scenario he suggested doing away with the hypothetical garden of Eden, envisioning instead several couples in several places, and, most importantly, examining the clearly observable differences between humans in terms of the impact of different environments over long time periods.

Forster, as he wrote to Herder, did not think that he had any proof for this scenario, nor even that such proof could be found.[12] His concern was rather that »der Archisophist und Archischolastiker unserer Zeit,« as Herder called Kant, should not get away with refunctioning Moses [13] from the hindsight of a politically correct position on race.[14] Forster himself dealt with the question of African slavery as one important

9 See his insistence on an empirical approach, particularly where it concerned the speculative subject of the history of mankind so dear to Enlightenment thought, in his 1789 *Leitfaden zu einer künftigen Geschichte der Menschheit*, AA 8, 185-193, here:186: » . . . ohne mich, mit wem es auch sei, über die Art und den Namen des wirkenden Prinzips im Menschen zu entzweien, halte ich mich zuförderst an die Erfahrung allein und betrachte Erscheinungen oder Wirkungen, die unsern Augen täglich kund werden, die sich täglich berichtigen lassen.«

10 See his letter to Sömmering January 19/21, 1787, AA 14, 618: »Dass ich das Wort Menschen*racen* nicht liebe, wirst Du nun aus dem *Novemberheft* des Merkurs wohl wissen; ich brauchte es, um Kants *Wort* zu brauchen. Die Höflichkeit und Bescheidenheit gegen ihn kann doch nicht schaden; der Mann bleibt ein verdienter Mann, wenn er sich gleich aus seinem Fache wagt, und jetzt vor allen Dingen den Mantel sehr nach dem Wind hängen soll, um es ja nicht mit den Berlinern und Mendelssohnianern zu verderben.«

11 See here also the letter to Sömmering, July 23, 1786, AA 14, 515: » . . . so behaupte ich geradeweges, dass seine Definition nichts tauge, weil man niemals beweisen kann, dass Menschen, die *erbliche* und zwar *unveränderliche* Unterschiede haben, von einerlei Stamm sein sollten.«

12 Letter to Herder January 21, 1787, AA 14, 621: ». . . ob ich gleich im Ernste noch weit entfernt bin zu glauben, dass das Menschengeschlecht wirklich mehrere Stammväter gehabt habe, sei erwiesen.«

13 Letter to Sömmering January 21, 1787, AA 14, 621.

14 Letter to Sömmering February 19, 1787, AA 14, 635f. Forster refers here to Sömmering's answer to his defiant letter of January 21, warning Forster to be careful about making enemies of the powerful Berlin Enlightenment Maffia. See here also the 1789 *Über Proselytenmacherei*, AA 8, 194-219, and Forster's letter to his friend Friedrich Heinrich Jacobi notorious for his impeccable political correctness regarding the principle of tolerance, November 1, 1789, AA 15 (Briefe Juli 1787-1789, bearb. v. Horst Fiedler, 1981), 363: ». . . ich mag keinen Despotismus, auch nicht den der *allgemein gültigen Principien*. Eine allein seligmachende Philosophie ist mir so zuwider, wie ein allein seligmachender Glaube.«

aspect of the race issue in a spirit of Enlightenment-mitigated skepticism. Here, he preferred documenting experience, which occasioned a concrete, if partial, confrontation with the observed reality of human difference, the tradition of speculating about some essential human sameness rooted in the hypothesis of one and the same origin. Not unlike two centuries later in the 1990s, the situation made this argument from observation vulnerable to some undesirable implications and alliances. If one accepted the possibility of more than one human species on the grounds of observable physical and cultural differences that might have evolved in different natural environments, did one not thereby weaken the moral argument in principle against slavery, which was based on unquestionable human fraternity, the bond of one species? But in Forster's view, the observed practice of slavery signified evidence that the Judeo-Christian belief in one human species had not prevented the cruel treatment of blacks.[15] The argument against one (undiversified) human species, then, could not (or should not) be misconstrued as supporting the institution of slavery.

Forster had indeed been moved by Herder's passionate pleading in Book 7 of *Ideen* for »one and the same human species,« as human oneness in diversity and metamorphosis. But instructively, he did not agree with Herder's extrapolation from this ideal of an all-embracing human brotherhood and solidarity a clear and distinct separation between the human and the animal realm. Especially troubling to him were Herder's claims to absolute certainty that there was not now and never would be any evidence to the contrary. If – so Herder's argument – the descriptions of some of the recently discovered peoples seemed to suggest visual similarities with archaic monstrous shapes preserved in ape-like mythical monsters like satyrs or sylvans, such similarities were either fallacious or located in the »nature of man« and not of apes. Calling on humans to uphold, to honor their human distinctness (»Du aber, Mensch, ehre dich selbst«), Herder explicitly used this appeal to frame the slavery question. The European was

15 AA 8, 154: »Do we not thereby cut through the last strand that bound this mistreated people to us and afforded still some small protection against European cruelty? Let me ask instead whether the thought that blacks are our brothers has ever, anywhere, only once given pause to the slave driver's whip? Did he not mistreat the poor suffering creatures with gusto and devilish delight in the full conviction that they were of his own blood?« I have used here the translation of that passage in Thomas P. Saine, *Georg Forster*, New York 1972, 47. See also Forster's comment on his act of heresy: »Although an old book, which no one is allowed to criticize, does not mention the Negro with a single syllable; although the great man who is supposedly the author of the book probably never saw a Negro: yet it is an attack on this old book if one imagines the possibility of more than one tribe of men; and this wicked act, which injures no one, is called heresy« (AA 8, 156; transl. Saine, *Forster*, 164, note 11). Forster complained to Sömmering September 7, 1789, AA 15, 335, that in his recent review of Johann Friedrich Ludwig's *Neueste Nachrichten von Surinam* the Göttingen philosophy professor Christoph Meiners had applauded rather than reproached the author for his approval of slave trade (which was very lively in that Dutch colony): »This wretch shamelessly states in his preface that the Bible approves of slave trade, and he writes: ›a man could be his brother in Christ, and at the same time, physically, *his slave*.‹« See also Forster to Heyne November 5/6, 1789, AA 15, 366, on the ironies of politically correct tolerance – a black nurse in the Göttingn hospital! – among self-consciously and self-righteously enlightened academics: »Die schwarze Amme [Heyne had referred to her as »Mohrin«] ist ja wohl die Besiegung eines Vorurtheils mehr in dem lieben aufgeklärten Göttingen!«

challenged to see that »der Amerikaner, der Neger« was his brother and to treat him accordingly, but to deny emphatically any connection with the ape.[16]

In contrast, Forster's critique of racism and slavery emphasized the greater probability, based on possible evidence, of the connectedness rather than separateness of all terrestial organisms. Awareness of being thus connected would be a help rather than hindrance in perceiving and valuing human diversity as racial and cultural »variety« (»das *Mancherley*«) rather than the »eternally same« (»das ewige *Einerley*«).[17] Importantly, it would also support the need for informed cultural value judgments – a tricky issue then as now. In Forster's case, this concerned the desirability of a »beneficial predisposition for ongoing improvement« which he saw so remarkably developed in the Tahitians, whose culture radiated physical and social well-being.[18] Herder's position in *Ideen* presupposed a more comprehensive and more diffuse concept of both happiness and wretchedness as rooted in cultural conventions. The contentment of the Tahitians, such a remarkable cultural achievement in Forster's eyes, did not differ in kind from that of the »poor Fuegans« in Herder's view. His cultural argument of natural environment (especially climate) in Book 8 of *Ideen* culminates in section V with what appears in part a Rousseauian praise of simplicity.[19] But *Ideen* is rife with ambivalences and contradictions that reflect the cognitive obscurities of the bewildering and exhilarating wealth of new anthropological information.[20] Herder's idea of earthly happiness (»Glückseligkeit«) was, and was not, simply simplicity, since he presented it in terms of the individual's culturally-mediated ability to respond to the accident of having been born into this or that

16 Johann Gottfried Herder, Werke, 10 Bde., Bd. 6: *Ideen zur Philosophie der Geschichte der Menschheit*, hrsg. v. Martin Bollacher, Frankfurt 1989, 251-256.

17 AA 8, 141f. See here also his remarks in his critique of Christoph Meiners, AA 11 (Rezensionen, bearb. v. Horst Fiedler, 1977), 236-252, here: 239. One of the projects he did not live to realize was to write, together with Sömmering, a »Pithecologie mit Rücksicht der Verwandtschaft der Thiere mit dem Menschen,« a study of the evolutionary link between ape and man: see Forster's letters to Heyne March 12 and 20, 1790, AA 16 (Briefe 1790-1791, bearb. v. Brigitte Leuschner u. Siegfried Scheibe, 1980), 29 and 33, about his plan to gather materials for this study in the London natural history collections during his journey via Holland to England in the spring and early summer of 1790. Sömmering had originally planned to accompany Forster on that journey – Alexander von Humboldt was to take his place – and had written to Forster August 21, 1787 about consulting the Dutch natural history collections (quoted AA 9 [Ansichten vom Niederrhein ... 1790, bearb. v. Gerhard Steiner, 1958], 338).

18 *O-Taheiti*, AA 5 (Kleine Schriften zur Völker- und Länderkunde, bearb. v. Horst Fiedler u. a., 1985), 35-71, here: 52: »Weißheit in der wohlthätigen Anlage zur Vervollkommnung«.

19 See here Herder's much quoted statement in *Ideen* (note 16), 306, on the happily perfect cultural balance – »bis diese sich gleichsam ründet« – of the Australians' hunting and fishing activities. See also Gerhard Schulz, »Erfahrene Welt. Berichte deutscher Weltreisender am Übergang vom 18. ins 19. Jahrhundert«. *Antipodische Aufklärungen. Antipodian Enlightenment. Festschrift für Leslie Bodi*, Frankfurt, Bern, New York 1987, 439-456, here: 445-47.

20 See the clearly negative passage in *Ideen* (note 16), 247 f., on details of the Fuegans' [»Pescherays«'] life, referring to Forster's *Voyage*: their small stature, their ugliness, their severely restricted diet and clothing, their intolerable odor, their suffering from the terrible winters, their inability to warm themselves despite available wood. The generosity of »nature itself« has not allowed the landmass of the planet to extend further south, thus preventing even deeper human deprivation.

environment.[21] Likewise for Forster, it would have been »presumptuous and foolish to imagine that all inhabitants of the world have to be Europeans in order to live happily.« But Herder's reasoning in support of this assertion was another matter: »Would we ourselves have become what we are outside Europe? He who placed us here, and others there, gave to them as much right to happiness in this life as he gave to us.«[22] Human happiness, in Forster's view, carried its own authority, being a cultural achievement rather than God-given right. As such, it presented a value established by judgment and choice. For him, the Fuegans' human, that is cultural condition, was different in kind from that of the Tahitians. As he pointed out in his account of the Fuegans, another people living in a similarly hostile natural environment had done much better in terms of cultural adjustment.[23] Herder's critical attitude in principle toward European complexity, his apprehensive view of »the restless desires driving the European from one end of the world to the other,« suggested that complexity and curiosity might (should) be absorbed by a peaceful, almost passive, simple happiness, which to him was the true »character of mankind.«[24] But Forster's ›eye-witness‹ observation of many other peoples had left him less certain in this respect. It also did not support Herder's climate theory, the basis for his assumption that European culture could have developed only in Europe. Perhaps most important was Forster's own »restless desire« to ***know*** more (rather than speculate): the force of his own intellectual temperament, his lively curiosity, his searching mobile mind developed and nurtured within his European culture. How, observing the acculturated mental and physical behavior of other peoples, could he be true to the meanings of this mobility? How, in speaking ***about*** them, could he avoid speaking ***for*** them?

For rupturing the Euro-centric world view, Herder has increasingly been seen in the cultural vanguard of the late eighteenth-century, indeed late 20th century (post-)modernity.[25] The most important aspect of his contribution may indeed have been his generally secular emphasis on the existential relatedness of all humans. Happiness, »this simple, profound, irreplaceable sensation of existence, this something ***sui generis,***« was in Herder's eyes shared by all human beings in all situations, but especially by all

---

21 Herder, *Ideen* (note 16), 327: »The very concept of ›happiness‹ implies that man is capable of neither experiencing nor creating pure and lasting bliss. He is the child of chance; it is a matter of luck where he comes to live, when and under what circumstances. The country, the time, the constellation of circumstances ***happen*** to decide both his capacity of enjoyment and the manner and measure of his joys and sorrows« (transl. quoted from *J. G. Herder on Social and Political Culture,* transl. and edited F[rederick] M. Barnard, Cambridge 1969, 307).

22 *Ideen* (note 16), 327; transl. quoted from *Barnard* (note 21), 308.

23 Cook had encountered this group on his first voyage at nearby Success Bay: »Their stature was taller; they had contrived buskins which secured their feet; they appeared to be sensible of the excellence of several European goods, and to set a value upon them; lastly, they were more communicative, and had ideas of ceremony or civility« (AA 1 [A Voyage round the World, bearb. v. Robert L. Kahn, 1968], 617). Forster's summary evaluation here may now seem too Euro-centric; but this reaction, in turn, may be seen as too much influenced by an equally limiting orthodox post-Imperialist position.

24 *Ideen* (note 16), 329 f., 331, 330 f.

25 Schulz (note 19), 446: »Aufbrechen eines europazentrischen Weltbildes.«

savages. It was rooted in »a quiet feeling rather than a brilliant thought,« emotional enrichment rather than »the profound deliberations of reason.«[26] Such celebration of heart over mind, of soul over intellect, an in many ways useful corrective to certain aspects of Enlightenment thought, would surface again and again during the 19th and 20th centuries. In Herder's case, it was based more on his unquestioning acceptance, in principle, of the otherness of the other, than on his own experiential understanding thereof.[27] Indeed, an important part of Forster's experience of such otherness was his becoming aware of the fact that he needed to understand it in terms of its meanings for that other. What did it ›actually‹ feel like to be a Tahitian? or, even more difficult, a Fuegan? Inevitably, his European perception here was a formidable obstacle. Yet the questions that had to be asked concerned not so much the fact of observational distortion *per se*, as its relational nature: distorted in relation to what situation? what event? what act or actor? what observer? There was a broad spectrum of possible reactions from simple, total acceptance, to simple, total rejection of otherness as different, strange modes of physical presence and cultural conduct. In each case these reactions were defined by the experiential involvement, that is, judgment of the observer: the better informed, the more circumspect and less predictable.

In Kant's case, his particular Enlightenment intolerance of happiness as ›mere‹ pleasure limited rather than helped understanding the modern experience of mobility and cultural diversity. Reviewing Herder's argument in *Ideen* and missing the point, he asked ironically whether the Tahitians, continuing in their indolent comfort for millennia, might not as well have been happy sheep.[28] As an observer who was also a participant, Forster had encountered desires and fears, pleasures and sufferings on a very broad cultural scale and did not think appropriate in this instance Kant's Euro-centric dismissiveness. Yet, Herder's impassioned dogmatic embracing of all human variety was no less Euro-centric and tended to obscure rather than clarify the new possibilities of cultural connections. In Forster's view, these were predicated on recognizing a diversity of difference, that is, a critical perspective on the relatedness and relativity of cultural achievement.

26 *Ideen* (note 16), 330 f.; transl. quoted from *Barnard* (note 21), 308.

27 See here Herder's statement in *Ideen*, 270-279, esp. 276 f., on a uniformly harmonious proportionality in human bodies, which in accordance with the overall argument of Buch 7 emphasizes human sameness in the different forms developed under the influence of different climates. This argument is as speculative as the thesis developed in *Ideen* 222-228 – which it contradicts – of a division of mankind in beautifully formed (*schöngebildete*) peoples closer to European taste, if, in certain cases (especially Hindus) on average more beautiful than Europeans (excepting the Greeks), and peoples not thus favored.

28 Immanuel Kant, *Rezension zu Johann Gottfried Herders Ideen*, Werke 6, 781-806, here: 805. I will quote the passage in full in the original, because of its wound-up grammar and semantics (in a letter to Herder January 21, 1787, AA 14, 621, Forster referred to it as Kant's »gewöhnliche Wortsubtilitäten«): »Meint der Herr Verfasser wohl: dass, wenn die glücklichen Einwohner von Otaheite, niemals von gesittetern Nationen besucht, in ihrer ruhigen Indolenz auch Tausende von Jahrhunderten durch zu leben bestimmt wären, man eine befriedigende Antwort auf die Frage geben könnte, warum sie denn gar existiren und ob es nicht eben so gut gewesen wäre, dass diese Insel mit glücklichen Schafen und Rindern, als mit im blossen Genusse glücklichen Menschen besetzt gewesen wäre?«

II.

Forster's explicit insistence on a multi-perspectivity of observation that would control, as much as humanly (culturally) possible, European preconceptions had its source in his having been there and experienced with all his senses the great and confusing, exhilarating and troubling, diversity of peoples: there were different kinds of happiness and unhappiness, different ways of feeling and reasoning, different kinds of interrelations and interdependencies. In his essay *Neuholland und die brittische Colonie in Botany-Bay*, written in November 1786, he again took on Kant's anthropological speculations, this time criticizing the skepticism voiced in *Muthmasslicher Anfang der Menschengeschichte* with respect to the role of reason in human progress. Kant thought a process of perfection through reason the »destiny« (»Bestimmung«) of the species, but not necessarily of the individual. Vices, he argued, had their origin in more complexly developed reason (»cultivirterer Vernunft«). Less knowledge, less reasoning power signified greater innocence: »The history of *nature*, then, originates in the good, for it is the *work* of *God*; the history of *freedom* in evil, for it is *man's work*.«[29] Forster's vision of progress was not necessarily more hopeful, but it entailed a different concept of reason as cultural agency and energy. He alerted Herder to the suggestion in his essay of an argument against a Kantian statement that seemed to equate the use of reason with »true original sin.«[30] From experience Forster was wary of the sharp distinction between species and individual underlying Kant's rigorous abstractions of good and evil. It did not seem useful to force-fit an observed human diversity into the construct of an ideal-type ›human species.‹ Moreover, his own evolutionary view of a ›history of mankind‹ did not presuppose a good-or-evil dichotomy between god's work and man's work.

With the first sentence of the *Botany-Bay* essay, Forster made clear his position: »Weighing, without prejudice, the advantages of a civilized [gesittet] life, one cannot deny that it is only in this state that man can do justice to nature, which has given him his faculties, and becomes truly human, that is a reasoning being, whose happiness is more dependent on the pleasure derived from self-awareness and imagination than on the gratification of mere sensual desires and blind drives.«[31] A clean distinction between culture (nurture) and nature, then, is based on too narrow and too arbitrary a use of the term »nature«: »The ability to think with all its consequences is as essentially natural as is the drive to eat and to procreate, even if its potential is not fully realized in every individual...Reason in human beings is no more in conflict with other predispositions than is instinct in animals.« Here Forster asserted, against a general cultural pessimism at the end of the 18th century, the different kinds of physical-men-

29 Werke 6, 93.

30 January 21, 1787, AA 14, 622.

31 *Neuholland und die brittische Colonie in Botany-Bay*, AA 5, 161-180, here: 161.

tal pleasure at different stages of development – a fact he thought too easily forgotten in bourgeois intellectual preference of savage simplicity over European complexity. Wherever there are abilities, they will develop in response to stimuli and the challenge of a general cultural progress is therefore in the interest of mankind (AA 5, 162).

The argument of an *a priori* superiority of certain races over others, and consequently of their indisputable right to enslave other human beings, was in Forster's view bad reasoning precisely because of its defenders' imperviousness on principle to the presence of other voices and other realities. In his 1789 review of the racist writings of the Göttingen philosophy professor Christoph Meiners, he attacked not so much the moral depravity of Meiners' position, as its intellectually flawed basis. Driven by a trust in the »absolute truth« of European racial superiority nurtured by »pious prejudice of all kinds,« Meiners had diligently collected an enormous amount of anthropological material made available by the voyages of exploration.[32] Forster shared the instinctive resistance exhibited by many of his intellectual contemporaries (readers), to Meiners' quite extreme position in the race and slavery question. Unlike most of them, however, he thought it useful to examine in some detail the effect of this position on Meiners' treatment of evidence. Forcefully selective in his documentation and unscrupulous in adapting the observations of others to his own thesis of the racial-cultural supremacy of the Celtic (European) race, Meiners was clearly prejudiced and therefore, by contradicting the evidence, self-contradictory. Caught in an »artificial circle,« his mode of argument was an anachronism, no longer permissible in philosophical discourse.

But the pre-modern dogmatic energy of such circularity could still do considerable harm. Meiners' »disconsolate« certainty that the majority of mankind was inexorably arrested in a state of subhuman immorality and thus excluded from human perfectibility, undermined precisely »that probability on which is based a gay and blissful *belief* in the *relative* usefulness of all observation undertaken with *pure intentions*.« Especially in this context, Forster thought it crucially important to argue for an observational position capable of reflecting and thereby keeping under control prejudices that would call for one absolute truth or cultural value judgment. Observation thus guided would be useful precisely because of its focus on the relational richness of multiple cultures – a focus enabling the documentation of each people's achievement proportionate to its situation. The perspective that recognized each culture's »excellence *sui generis*« could not but be shaped by European concepts and values, but these would be reflected and modified by the perceived non-European presences« (AA 11, 243-45).

Racist determination to uphold an oppressive ›absolute truth‹ of European (white) superiority was just the most openly disturbed reaction to the proliferating news about human diversity. Forster tended to emphasize in this context the general cultural rat-

32 AA 11, 236-252, here: 237.

her than the particular moral problem, namely that the ever-increasing wealth of information demanded increased sophistication regarding general knowledge. It called for the intellectual reader's thoughtful caution rather than the philosopher's unbridled speculation. Such caution would be advisable in all cases, also where European celebration of non-European cultural achievement was concerned. There are some instructive remarks in the preface to Forster's 1789 translation of *An Account of the Pelew Islands, situated in the western part of the Pacific Ocean, composed from the journals and communications of Captain Henry Wilson and some of his officers, who in 1783 were shipwrecked in the Antelope, a packet belonging to the East India Company* (1788). Edited by George Keate, this account presented the inhabitants of Pelew (West Micronesia) in the warmly glowing terms anticipating Margaret Mead's Samoans.[33] Forster's *Vorrede* and his few but lengthy annotations state his delight in, but also some subliminal reservations about that enthusiastic documentary narrative of a thoroughly decent, gentle and, above all, delicately moral people. A subtly ironic subtext in the introductory part of the preface signifies some resistance, on the experienced observer's part, to the alleged reality of so much and so exquisitely self-conscious goodness.[34] Still, Forster goes on to emphasize the fortunate combination, in the case of this small and isolated people, of a moral justness and a psychological harmony rare even among highly civilized (»gesitteten«) women and men. None of the peoples he had visited in the South Sea exhibited this trait of true greatness; some had already developed beyond the stage of »that romantic understanding between virtue and simplicity; others had not yet reached it. The New Zealanders and the Tannese [New Hebrides] were wilder and more bestial; the Tahitians and the inhabitants of the Society Islands, having developed a higher culture, were more corrupt and more voluptuous. Who, however, can decide whether the latter had ever been like the Pelewans?« (AA 5, 327).

Clearly, Forster was of several minds regarding this people whose ›cultural singularity‹, as he saw it, must have evolved in singular conditions. Instructively, he pointed out here that Wieland's utopian political fiction *Der goldene Spiegel* (1772) had »divined« such possibility. The news from the Pelew Islands, then, as he put it, would change »poetic probability« to »historical truth.« This means both an implicit suggestion of the ›more than human,‹ indeed utopian properties of this group, and an explicit affirmation of the general truth status of the representation of their cultural actuality. Forster asked what this would do to »one of our latest philosophies,« according to which, the phenomenon asserted in Wilson's and Keate's account would have to be denied *a priori*? (AA 5, 328) His question concerns the issue of the philosopher-as-anthropologist's authority and responsibility. What sort of philosopher would not take the trouble to distinguish between accounts which have been found to be relia-

33 See here Derek Freeman, *Margaret Mead and Samoa. The Making of an Anthropological Myth*, Cambridge, London 1983.

34 *Nachrichten von den Pelew-Inseln*, AA 5, 321-42, here: 326f.

ble, like those by William Dampier (1652-1715), Georg Wilhelm Steller (1709-1746), or Captain Cook, and the clearly incompetent or fraudulent narratives of José Gumilla or George Psalmanazar? Only a philosopher who would also feel perfectly free to simply disregard Wilson's findings, elevating instead his own prejudices to philosophical dogma.

Forster's contemporary readers knew that in asking these questions he was thinking of Meiners, who, in his *Grundriss der Geschichte der Menschheit* (1785) had separated all of mankind into two groups, Celts and Mongols: the former morally and physically perfect, the latter by nature evil and ugly. Against the best of evidence, this philosophy professor would have to maintain that the documented presence of a truly good people in Micronesia was impossible. Forster had sent Friedrich Heinrich Jacobi the account of the Pelew Islands, expecting him to be interested in the presentation of an »utterly simple, good people« and alerting him to the attacks on the »Hypothesenfreund« Meiners in the preface.[35] Several weeks later he wrote to Jacobi once more about Meiners' addiction to hypotheses, so apodictic and automatic that he was in the habit of replacing the term »Mongols« with the phrase »wicked people«: »According to his genealogical chart, the inhabitants of Pelew have to be of Mongol derivation.«[36] Meiners, of course, would not have his mind changed by the evidence of Wilson's experiences and Keate's narrative of Pelewan moral culture, no matter how reliable. Their testimony would persuade the unprejudiced reader, but could not weaken the »paradoxy« of Meiners' dogmatic speculations.[37]

In Forster's experience, philosophers, be they great and enduring or mediocre and promptly forgotten, high-minded or petty and bigotted, were not in the habit of considering the testimonies of others, unless these could be easily fitted into their pre-existing doctrines. Their unwillingness to adapt their methods of inquiry to the uncertainties and ambiguities of experience determined the limitations of their messages. Precisely in this sense, Forster was also critical of the epistemological position, if not the sentiments, of the well-meaning compiler of the news about the Pelew Islands. He explicitly contrasted his own position – the writer as explorer, the intellectual as eyewitness – with that of Keate, who had based his narrative on the oral accounts and the notes of the Captain and the officers of the *Antelope*. Keate's narrative, he remarked, did not have the freshness which an unmediated notation of sensory contemplation (»unmittelbare Bezeichnung eigener Anschauungen«) might have had. Rather, it displayed a certain indefiniteness, like an effaced line. Forster also drew attention to the fact that Keate, an experienced and talented writer, approached his task artistically, emphasizing and dignifying aspects of Pelewan culture that he clearly thought deeply engaging. His relative experiental remoteness from this culture, however, was also re

35 September 21, 1789, AA 15, 338.
36 November 1, 1789, AA 15, 363.
37 *Nachrichten von den Pelew-Inseln: Vorrede*, AA 5, 328.

sponsible for a certain unevenness of style and »an at times contorted phraseology which gives away the fact that the subject matter had to take a detour via his head to his senses« (AA 5, 331f). From both his observational and writerly experience, Forster was trying here to articulate the difficulties and the potential of the documentary mode in its dependence on the discourse of experientality.

The documentary is concerned with finding the best ways to present new information, but decisions concerning organization and narrative strategies are also influenced by what at any given time is considered ›news-worthy,‹ that is, an item of particularly current cultural value. As a genre, the documentary is to a high degree predicated on audience expectations. Forster, who spent most of his time writing for a living on the already quite common subject of travel literature, was well aware of this fact. To his friend Sömmering, with whom he shared all his anxieties and desires, his self-doubts and ambitions, he wrote about the challenge to the intellectual to make himself truly useful in terms of his experience and expertise, while wishing for recognition in the world.[38] In the preface to his *A Voyage Round the World in His Britannic Majesty's Sloop Resolution* (1777), his early and remarkably sucessful attempt to be useful in that sense, he had referred to his mode of representation here as a »philosophical recital of facts,« namely, a »narrative« which offered reliable documentation of a great deal of new materials organized according to Enlightenment values, notably the declared active interest in and tolerance for human diversity. But presenting this diversity as in itself news-worthy, he had also thought it necessary to bring to it the mental activities of connecting, comparing, and distinguishing.[39] His route, however, had not been that »detour via the head to the senses« found in Keate's account. Self-consciously, he had tried to retain the impressions of his senses in the perceptions that guided his decisions on their cultural meanings.

This (relative) openness made for a processual practice of knowledge that counter-acted, up to a point, the known perspectivic limitations of acculturation. In distinguishing and comparing different kinds of human intelligence, Forster considered curiosity and purposeful activity important indications. About the Mallicollese, whom he called »ugly,« that is, alien in appearance, he said in the *Voyage* that they seemed to the observer so intelligent, so curious and sociable, to elicit the conjecture that »they only want the impulse of an ambitious individual to bring them into a higher state of civilization« (AA 14, 472). Noting their negroid features; woolly hair, skimpy costume, cumbersome nose ornaments, he found them accessibly attractive in other aspects of their humanity, namely their remarkably intelligent behavior which suggested resourcefulness, thoughtfulness, and, in general, peaceableness, that

38 Letter of February 19, 1787, AA 14, 636; Forster also complained habitually about his never knowing enough – a situation to be expected given the breadth of his interests: see his letter to Sömmering of April 29, 1786, AA 14, 473.

39 AA 1, 9-17.

is, their ability to communicate and to negotiate: »They were the most intelligent people we had evermet with in the South Seas; they understood our signs and gestures, as if they had been long acquainted with them, and in a few minutes taught us a great number of their words« (AA 5, 57f).

Especially in matters of intelligence, it was as difficult then as it is now to really get away from European measures. Confronted with the puzzle of vastly different kinds of cultural priorities, Forster was intrigued by the dynamics of individual and group behavior. What would be the cultural impact of a person who started making more or different use of what could be learned from the environment, including, perhaps, the information and the tools to be gotten from the visiting Europeans? Could such a person make the Mallicollese as a group more like the charming, eminently curious and sociable Tahitians?[40] In general, even the young Forster was cautious with such speculations. But it was clear that he viewed Tahitian life, in harmony with a particularly benevolent natural environment, as a considerable cultural achievement, finding it entirely understandable that Europeans had been so strongly attracted to it as to choose it over Europe.[41] Still, fully persuaded that living among the Tahitians was in many ways preferable to living in Europe, he would not himself have been able to do so. Born into a culture of individuation, endeavor, choices, and change, his mind could not but be active and mobile, stirred by his imagination for the new and different.

Precisely this imagination, crucially important to exploration and documentation, seemed lacking in Keate's narration of the Pelewans' exemplary behavior, especially the admiring, almost gushing passages on their extraordinary tact and social delicacy.[42] Forster thought Keate's empathetic description here indebted to noble but simplistic moral ideals – one aspect of Enlightenment culture – rather than the ambiguities of observed conduct. Indeed, he thought him in danger of imputing European social-psychological concepts to a group of people about whom very little was known and whose language had not been studied. The ability of the Pelewans to put them-

40 In the later *O-Taheitee*, AA 5, 35-71, Forster overemphasized, in order to bring out more clearly the beauties of that ›blessed‹ island, the cultural weaknesses of the Mallicollese. Where Tahitian culture, by careful cultivation, assured comfort and sensory gratification in all aspects of daily life and had therefore developed a high degree of sociability, the Mallicollese, unfortunate and unhappy savages, were presented as arrested on the level of subsistence gathering. Half starved, naked, adorned only with black paint which »heightens their peculiar ugliness,« they »skulk,« never leaving their delapidated huts without their poisonous arrows, having become aggressive through material deprivation (51f).

41 In his *Fragmente über Capitain Cook's letzte Reise und sein Ende*, published in early 1781 in *Göttingisches Magazin, AA* 5, 72-95, Forster was particularly interested in separating fact from fiction and in demonstrating the ability to judge, from experience and demonstrated capacity to reason, the authenticity and reliability of information. Witnesses, proof and evidence play an important role here, and when he mentions Tahiti, he refers the reader to the »proof« for the strong physical and cultural attraction of the islands to the Europeans to be found in the fact that on all three of Cook's voyages there had been Englishmen who had tried to remain there and, wishing for happiness, had gladly renounced the freedom of their fatherland (73).

42 *Nachrichten von den Pelew-Inseln*, AA 5, 334.

selves in the place of the other, which so delighted Keate, seemed doubtful to Forster because it did not fit the picture of a simply good people as it emerged from the description as a whole. Arguing from motivations, Forster projected alternative scenarios, making use of his experiences with many peoples on a developmental level similar to that of the Pelewans and the information he had gathered about them (AA 5, 335f). Since we have been socialized into cultural complexity, we encounter specific obstacles in understanding simpler cultures. The ability to put oneself in the place of the other is one of the most difficult cultural achievements. It requires the »highest moral soaring of emotion,« and »there is no more perfect use of reason and consciousness. Could it really be that the Pelewans begin with what civilized peoples end with?« (AA 5, 335).

Forster knew that he was on treacherous ground in questioning what had been praised so warmly as an exotic people's cultural accomplishment. At the end of his long explanation, he asked how he could »replace« (»ersetzen«) what his critical remarks had taken away from the representation of Pelewan moral nobility and delicacy. Again, he argued not from considerations of morality but of knowledge, distinguishing between the observer's general »pure good will« to understand the other, and the different forms such good intentions will have to take when that observer is confronted with different levels of cultural development. He also pointed out the often unclear and possibly distorting role of interpreters and informants as well as the frequently unquestioning dependency on them of European travelers. Here, as in other texts, his concern was not the superiority of European culture but the knowledge of diversity as a new sense of possibility.[43] Like other peoples on a simpler stage of development, the Pelewans differed greatly from the Europeans, and the observer's perspective needed to accomodate the differentiation of difference. In contrast to the Rousseauian and Christian fictions of man's natural goodness (peaceableness) or wickedness (aggressiveness), Forster pursued the argument of nurture in response to nature. From the European point of view, he saw this interdependency in terms of highly complex processes which, given time and certain stimulae, changed women and men.[44] Processes of development or education could bring about an expanded, more diversified sense of the self in the world. The increase in self-knowledge, all-important to the Enlightenment intellectual, would be helped along immeasurably by the increased information – instead of speculation – gathered by voyagers about different stages of human development. For this reason, Forster faulted Keate's account for ha-

---

43 See here Jeffrey Barnouw, »Bacon and Hobbes: The Conception of Experience in the Scientific Revolution,« *Science/Technology & the Humanities* 2/1 (Winter 1979), 92-110, here: 97.

44 AA 5, 337: »Der Mensch ist weder gut noch böse von Natur; aber die Verhältnisse, worin das Schicksal ihn, von seiner zartesten Entstehung an, versetzt, können alles aus ihm machen, was ihre Wirkung auf seine eigenthümliche Organisation gestattet; und bey der grossen Verschiedenheit physischer und moralischer Ursachen, welche die Individualität eines Menschen im Moment seiner Entstehung bestimmen, ist allerdings ein Mensch vor dem anderen geneigter, gewisse Gattungen von Eindrücken anzunehmen, die jedoch von der Erziehung erst ihre Moralität erhalten können.«

ving given in too easily to the temptations of fiction. When the King of the Pelewans, imitating a European artist in the act of drawing a Pelewan, drew pointed heads resembling sugar cones, this seemed to Keate a clear indication of the »urbanity of a noble soul.« It was out of politeness that the King wanted to show the Europeans that his drawing talents were inferior to theirs. Forster in contrast, compared the King in that situation to a five or six year old European: unpracticed in drawing, but absorbed in and fascinated by the act of pictorial representation (AA 5, 336). It would have been more useful in Forster's view, if Keate had tried to show the situation in these terms, because one could have learned more from such descriptive documentation than from the most probably fictitious assumption of the »urbanity of a noble soul.« It is important to keep in mind that Keate's explanation did not refer to ritual, that is, a clear instance of culturally conditioned behavior on the King's part, and that Forster did not draw a general comparison between Pelewan cultural development and that of a six year old European. He was dealing here with one particular activity totally unfamiliar to a Pelewan adult who in his own culture was unquestionably competent and powerful. At issue was the difference of cultures and the challenge to the observer not to superimpose, in the act of observation, his own cultural ideals, no matter how well intentioned and praiseworthy.

III.

The argument for a naturally cultural complexity underlies all of Forster's attempts at anthropological description and analysis. Its positive thrust was perhaps strongest in the essay about the future cultural development of the fifth continent, *Neuholland und die brittische Colonie in Botany-Bay*, in which he tried to counter Kant's skepticism regarding the role of reason in the progress of the human species. The piece had been commissioned by his publisher Johann Karl Philipp Spener in the fall of 1786 when the news about a planned settlement of British prisoners at Botany-Bay in New-Holland (Australia), of great interest to a socially and politically informed public, would have reached Berlin.[45] In order to meet the deadline, Forster set aside his work on the translation into German of the account of Cook's third voyage (1776-1780), which he published with Spener in 1789, and on the book-length introductory essay to the translation, *Cook, der Entdecker*. But unmistakably, the presence of Cook the explorer gave the Botany-Bay essay its intellectual shape: Cook as a powerful allegory of intelligent energy in the service of opening the world and connecting even its most far-flung and disparate

45 The British expedition consisting of 776 prisoners and 212 naval soldiers left England on May 13, 1787 and landed on January 18, 1788 in the vicinity of what was to become Sidney. The first account – Forster reviewed all of them – of the successful enterprise appeared in 1789. The first free settlers joined the colony already in 1793.

parts.[46] Forster was excited by what he thought a large-scale social experiment also because New-Holland, huge and very sparsely populated, seemed a particularly good place for it; nature and culture could cooperate. Thus, in his positive presentation of the British colonizing (Latin *colonus*, farmer) enterprise in Australia, he stressed the »cultivation« (»anbauen«) of a wild continent in the most direct, concrete sense. Reassuming, as it were, the original human right of owning and cultivating the land, the British prisoners, victims of useless education and rigid legislation in their old country, would cease to be enemies of a society which they themselves would build up. Moreover, given the experience of the British colonies in North America, this society would inevitably develop toward independence. Following Cook's and Dampier's accounts, Forster described the flora and the fauna of the land as far as it had been explored. He pointed out both its potential and the inability of the few »wretched« inhabitants, living in small isolated groups, to make intelligent use of it, for instance expanding their very limited diet and developing more protective clothing. The promise of the unused land seemed particularly seductive where the native population appeared to be insensitive to the pleasures of settlement, property, sociability, growth, and variety.

Forster then proceeded to draw one of his skillful portrayals (»Wortzeichnungen«) of racial and cultural differences, a seemingly ›objective‹ verbal description of different groups of native Australians and their weapons. In the conclusion of book 6 of *Ideen*, in which he dealt with the physical differences of different peoples, Herder wished for a magic wand with which to change all verbal descriptions into paintings. He thought visual description to be more useful in providing clear and certain impressions of human form, regretting the fact that for centuries people (Europeans) had traversed the earth with »sword and cross, with corals and caskets of liquor,« but without the »peaceful drawing-pen.« At the same time, he lamented the cultural limitations – too unrealistic, too picturesque – of existing visual representations of non-European peoples, mentioning here Forster's judgment that William Hodges' Tahitian portraits also prettified too much. The contemporary, Herder asserted, was looking for »plain truth,« and a »prettifying anthropology« was as counterproductive as a »prettifying zoology.«[47] Arguably, Herder did not give sufficient consideration to the difficulties intrinsic to the European observer's perspective in both the »Wortzeichnung«[48] (ver-

46 *Neuholland und die brittische Colonie in Botany-Bay*, AA 5, 161-180, here: 162f: »Die Erscheinung eines neuen Entdecker, des unsterblichen *Cook* . . . Die Folgen des mächtigen Schwunges, den Ein grosser Mann seinem Jahrhundert zu geben wusste.«

47 *Ideen* (note 16), 249 f.

48 This expression is used in one of the variants of this section, where Herder complains, too, that Georg Forster had been too modest to include some of his »Federzeichnungen« of native peoples in the *Voyage* (*Sämmtliche Werke*, ed. Bernhard Suphan, 33 vols, 14, 597). See here Hans Henning, »›Vortrefflicher Mann‹ und ›bester Freund‹ Herder's Begegnung mit Georg Forster,« *Der Weltumsegler*, 21-58, here: 24f. Forster, of course, was very much aware of the persuasive power of images; an important part of the Forsters' difficulties with the British government after their return from Cook's second voyage had been the plates promised, so they thought, to his father Reinhold. Georg had planned for years to write a geographical history of the South Sea and one of the reasons for his going to London in June of 1790 was to order drawings for the work from highly recommended London artists: see AA 9, 338.

bal drawing) or the »Federzeichnung« (pen-and-ink drawing) where more than articles of clothing or weaponry were concerned. The »plain truth« of the portrait subject, be it physical, psychological, or spiritual, was indeed beyond the reach of most observers and image-makers – and remains so today.

Forster was more aware of this dilemma than were most of his contemporaries.[49] But his own »Wortzeichnung« of the Australians, if (relatively) true to details of their physical appearance, was overly judgmental where it concerned the indigenous people's observed social conduct. He complained about their passive behavior toward the Europeans: they did not pay attention to what they were told or shown; in the face of many new things they did not seem curious, admiring, or desirous. On Cook's third voyage, the sailors had noticed that the Australian aborigines did not appreciate the Europeans' advances toward their women. Forster's comment »so they know the feeling of jealousy« suggests something like relief that they did have (display) emotions. He also mentioned that only at Botany-Bay, so named by Cook because of its particularly rich flora, did two men resist the Europeans' landing, having the courage to stand up to the guns, until they were »painfully wounded by buck shot.«[50] Taken together, his

49 See here Forster to Sömmering January 19/21, 1787, AA 14, 617f: »Über Menschen—und ihre Verschiedenheiten würde ich, sobald ich Musse habe, recht gern schreiben; nur fehlt es immer noch an Hülfsmitteln, und was noch mehr ist an guten Zeichnungen. Wäre ich einmal auf ein paar Monate in England, so suchte ich mir treffliche Materialien an Zeichnungen zusammen, z.B. von Indischen und Amerikanischen Physiognomien; denn die paar Blätter, die *Blumenbach* in Berlin von Chodowiecki hat stechen lassen, sind doch bloss Spielereyen; in dem Format lässt sich keine Physiognomie erkennen. Allenfalls müsste so etwas auch dabey seyn, um diejenigen gefangen zu führen, die daran kleben, und die denn freylich den grössten Haufen ausmachen. Aber Köpfe und treflich Camperisch gezeichnete Schädel müssten auch dabey seyn für den Kenner.« Forster refers here to the Dutch physician, physiologist and anatomist Petrus Camper. The question of scientific vs ›artistic‹ illustration for ethnological documentary intended for larger audiences is very important.

50 *Neuholland*, AA 5, 177; Forster did not question here the decision to shoot at them. See however his account of Cook's death in his 1781 »Fragmente über Capitain Cook's letzte Reise und sein Ende,« AA 5, 72-92. He had been very eager to get detailed news about the third voyage – the official account, held back by the British Admiralty, did not come out till 1784. In two letters to Joseph Banks January 10, 1781, AA 13 (Briefe bis 1783, bearb. v. Siegfried Scheibe, 1978), 316-318, Forster mentioned that he had »a very ample detail of the late Voyage from the mouth of two Germans, who have made the voyage as common sailors, & who appeared to be very faithful in their accounts,« which confirmed the »intelligence contained in Your last.« He also mentioned here the account of Cook's last voyage in the *London Magazine* »which appears to have been compiled without sufficient data, and before the return of the ships; I have given a little review of it in the Gottingen *Magazine* in order to prevent people on this side of the water swallowing down all the idle stories it contained« (317). Forster had had access to the very balanced testimony of Charles Clerke, Captain of the *Discovery*, who took over the command of the expedition: »Remarks on Board His Majesty's Sloop the Resolution, at Oiohy'he. Sunday, 14th February 1779,« *Captain Cook's Voyages of Discovery*, ed. John Barrow, London, New York 1967, 418-430. Clerke's description explained the events leading to Cook's death in the attempt at recovering a stolen boat. Pointing out the alarming increase of theft and deception on this their second visit to Hawai, he also acknowledged that Cook misjudged the situation – he misunderstood the reason for the »Indians« being armed – and made a disastrously wrong decision: »Upon the whole I firmly believe matters would not have been carried to the extremities they were, had not Captain Cook attempted to chastise a man in the midst of this multitude, firmly believing, as his last resource in case of necessity, that the fire of his marines would

statements indicate ambivalence [51] and make it seem unlikely that he envisioned the »hostile, isolating character« of the Australians to develop on its own into the state of consciousness and reason that would lead to the sociability he had observed in differently organized groups (AA 5, 176). His hopeful projection in this regard was clearly focused on the new colonists: transplanted into a situation which was naturally advantageous and which now required only intelligent planning. Given the opportunity to nurture that precious »spark of activity,« they could pass it on to the indigenous people who so conspicuously lacked it.

From a late 20th century perspective, Forster's vision here of cross-cultural fertilization seems suspect because it relies on judgments of cultural value that we now realize are too one-sided. As contemporaries to this perspective, however, we would do well to consider the fact that it does not reach the world that Forster saw, which is accessible to us only through his and other earlier travelers' observations. In his focus on the arrival, the encounter, and the accounting – which he did in a curiously and effectively mixed descriptive and essayistic discourse – Forster was very much an Enlightenment voyager, and one of the best. With rare exceptions, for instance Tahiti where he would have liked to linger a while, the moment of arrival transformed the present into anticipated futures and mobilised presences. The purpose of voyaging is motion; the purpose of motion is development, that is, betterment. At the same time, Forster was also wary of an ideology of »so called perfectibility« (»sogenannte Perfectibilität«), and was interested less in a general concept of reason than in observing acts of reasoning. Since his concept of perfectibility was interactive, involving individuals in their natural and cultural environment, he recognized it as shifting and

---

undoubtedly disperse them. This idea was certainly founded upon great experience among various nations of Indians, in different parts of the world, but the unhappy events of to-day proved it in this case, however, fallacious« (423). On the basis of several trustworthy accounts, then, Forster presented the situation by acknowledging his reliance on the observation of others, referring to his familiarity with the problems involved and reasoning about the motivations of Cook's decisions: »Wie es heisst, hatte Cook sich vorgesetzt, den König der Insel, den Herr Clerke in seinem Briefe Terre-Obu nennt, mit guter Manier an Bord des Schifs zu bringen, um ihn hernach als Geisel so lange dort zu halten, bis das Boot wieder ausgeliefert würde. Diese Art zu verfahren war ihm in den Societäts-Inseln sooft, und selbst auf dieser letzten Reise noch, so gut gelungen, dass er sich auch hier, unter so ähnlichen Umständen ein gleiches versprechen konnte. Allein es scheint in der That, dass er diesesmal wider seine Gewohnheit ganz verkehrte Massregeln ergriff(AA 5, 88). Forster, then, thought Cook's behavior decidedly uncharacteristic, as he remembered him observing in such tense situations »die möglichste Stille und ein ganz freundschaftliches Betragen« (88). But not only did Cook blockade the harbor with several boats whose crews promptly fired on some canoes, but he also dressed down the king for the thievery of his people in front of his subjects and while they were crowding around him. Confronted by hecklers, he did not keep his cool but gave the signal for attack and was stabbed by one of the natives with a sword that might have been traded from him before (88f). See here also O. H. K. Spate, »Comment on Cooke,« *The Pacific Since Magellan: I. Paradise Lost and Found,* Minneapolis 1988, 127-149; on Cooke's increasing ill health and irascibility on the third voyage see 137-39.

51 Forster did, however, acknowledge that there had been little opportunity to learn much about the Australians: »Man hat zu wenig Gelegenheit gehabt, mit diesem Volke umzugehen, um etwas bestimmtes über seinen Character, seine Gebräuche und seine etwanigen rohen Begrife liefern zu können« (AA 5, 177).

unpredictable, a precarious potential rather than fixed ideal in his own as in any other culture.[52] But he had observed admirable instances of »angewandte Besonnenheit« (a phrase he preferred to »Perfectibilität«) by which he meant a thoughtful competent interaction with one's natural and cultural environment, and here the explorer Cook was particularly important to him.

Cook, der Entdecker (1789), the book-length cultural and intellectual biography of the explorer's activities, had grown out of an essay begun in early 1786 for a Marseille Academy of Science competition on the subject of Cook's achievements. In the late summer of 1786, Forster wrote to his father-in-law and loyal friend, the distinguished Göttingen Classics Professor Christian Gottlob Heyne, that he had given up writing (in French) for the competition, but was still thinking about the subject in terms of an analytical (»raisonnirend«) essay on Cook and his discoveries, because there was much which had not yet been said about the meaning of the man's contributions for the contemporaries.[53] He was most interested in clarifying the explorer (»Entdecker«) aspect of Cook's voyages, which he saw centered in the enabling results of Cook's energetic activity (»Tätigkeit«), which was such that it improved the ability of others to expand their curiosity and endeavor: following him around the globe, as companions on his boat or in their imagination, they became different people. This essay on Cook the sailor and explorer, who had so much impressed the young Forster with his ability to judge, to decide, and to act, did not question the greatness of the man. Cleary reflecting Forster's interests and inclinations, however, it established a greatness of distinctly human, that is, social and psychological nature. The uniqueness of the man, which Forster emphasized repeatedly, was yet one of degree and located in a (Kantian) concept of morality in a broad sense (»Sittlichkeit«), and of self-consciousness in terms of an »abstraktes *Ich*,« the prerequisite for that »sogenannte·Perfectibilität, welche man die angewandte Besonnenheit nennen könnte.«[54] At the end of the 18th century, Forster based the modern greatness of Cook's cultural contribution on a particularly intense and fruitful interconnection in experience of want, desire, and cognitive activity.

If truth was the message of human greatness, then the modern concept of truth was relative rather than absolute: »*Truth*, the relation of things among themselves and to us« (199). The uses as well as the misuses to which this message could be put were limited. Forster's belief in progress was by no means naive. The observation of so many different cultural realities caused him to suspect that a projected linearity of unlimited enlightenment might turn back on itself. A projected Golden Age as the end stage of

52 These portions of the essay have been read as a sort of visionary projection of a rejuvenated Europe:see AA 5, 705. In view of Forster's later involvement with the French Revolution this might seem plausible; however, the argument as a whole is quite independent of European developments, and also by no means unambivalent.

53 Letter to Heyne August 17, 1786, AA 14, 527.

54 *Cook, der Entdecker*, AA 5, 191-302, here: 194f.

a linear developement of enlightenment was for Forster a »harmless hope, the philosopher's touchstone of today deserving of consideration as long as it remains a goal that energizes the demands of the *present* moment, an incentive to strive for the perfection *accessible to each* in the course of his life« (AA 5, 199).

Forster saw Enlightenment culture centered in the experience of the temporal and the relational to which Cook's voyages had contributed (almost) immeasurably. They were made possible by a rare and extraordinary combination of talents which formed Cook's sharply focused sense of reality, his »Wahrheitssinn«

(AA 5, 243, 272). By this, Forster meant a peculiarly incisive comprehension of interdependencies: often he had himself observed Cook intensely involved in a »multiplication of sensory impressions« that enabled the captain to perceive instantaneously the ramifications of the most entangled situations and to form what turned out to be correct judgments promptly and with certainty. Forster chose a suggestively literal example to describe such a moment, namely the sailor Cook looking at an entangled forest of ropes and strings and recognizing at first glance which of the multitudinous sails had to be tightened or loosened to make the ship move faster. In an instant he would correct a fault that had escaped the officer on duty, an experienced sailor, who had spent hours looking for it (AA 5, 242).

With his keen appreciation for the multiple meanings and contingencies of the concrete, Forster was particularly impressed by Cook's heightened activity between mind and body which seemed to him the source of the sharpest and the most enduring of human pleasures, even where it was admixed with fears. For the most part, his readers were as unfamiliar with the realities of voyaging itself as with the new information it made possible. They needed to be shown how, in a literal and figurative sense, sailing around the world required the navigator's combined delicate circumspection (»Behutsamkeit«) and firm courage (»standhaften Muth«), when, sounding-lead in hand, he was feeling his way between walls of rock and chains of cliffs (AA 5, 216).

These dangers were not limited to extreme moments; they enveloped Cook's entire life and those of the men who sailed with him. For this reason, Forster took great care in describing the situation on board the *Resolution* as he had experienced it. The voyage had been shaped by Cook's detailed rational planning of how a group of men of different ages, background, education, and therefore purpose, could best survive together under indeed extreme conditions: the most severe spatial constraints and monotonous motion of time interrupted by the surreal intensity of encounters with great storms, treacherous cliffs, or with the profoundly unfamiliar socio-political realities of alien peoples. Especially chapter 2, *Anordnung*, has passages of great documentary vividness. Forster was concerned here with the astonishing architectural economy and rationality of a large sailing vessel meant to withstand extreme physical – wind and water – and social-psychological pressure. He was greatly intrigued by the ingenious, extraordinarily uncomfortable manner in which it was made to house, against a great number of odds, a group of men together with the stores needed to keep them alive and – one of Cook's primary concerns – relatively healthy.[55] He was also intent on showing the reader the equally astonishing willingness and ability of the men to act together under these circumstances. Both matter-of-fact and empathetically interpretative, Forster's art of description here is quite effective in giving the reader the sense of seeing something new and worthwhile and seeing it clearly. One scene describes sailors working high up on the masts in a great storm, which causes the mast to deviate as much as 38 degrees from the perpendicular, at times dunking the end of the main yard into a towering wave. With each wave, the sailor at the end of a pole (hanging 50 feet high at the mast!) would be tossed back and forth with an entire arc of 50 to 60 feet. One moment he would appear to be flung down into the sea, the next moment to be touching the stars. And yet, with all this violence of motion, he was bent over the pole, tearing the sail away from the wind, rolling it up, tying it fast, taking just a few minutes to complete all the steps of a difficult and dangerous task. Forster observed with admiration that the sailor's main concern here, as in other life-threatening activities, was not to be outdone in skill and courage, his competitiveness deeply ingrained, stemming from a powerful loyalty to the community of survival (AA 5, 246).

Arguably, the sailors on a hierarchically organized British ship were in many ways as alien – and as fascinating – to the young explorer and intellectual, as were the peoples he encountered on the voyage. This meant that their activities also needed to be seen in their proper meanings, recorded and fit into the large and complexly variegated canvas of humanity. Looking back after so many years, Forster called up these scenes in the imagination in order to bring Cook's »inimitable« voyages closer to the reader's eye – «dem Auge näher zu rücken« (AA 5, 210). The crew was essential to their success in reaching the many new places and peoples encountered in their difference. In the act of observing the sailors – an act repeated in memory – Forster understood and admired Cook's preoccupation with their physical and mental well-being, and his support for and reliance on their strong feeling of community (AA 5, 243). He also greatly appreciated Cook's interest (and talent) for stimulating in his young officers that comprehensive curiosity about the world which included affable, sociable respect (»menschenfreundliche Achtung«) for other persons in their otherness, no matter how alien. Such »moral education which requires longer experience and an active sense of the self rarely found« (AA 5,285) was, in Forster's view, the source of Cook's ability, as he had observed it on the second circumnavigation, to put himself in the place of the natives. From this position, Cook had taught his crew to avoid conflict wherever possible: the European, secure in the knowledge of the superiority of his weapons, could not and should not allow himself to be offended by the person in the weaker position, »whose ignorance he has to spare and whose bravery he has to honor« (AA 5, 261).

55 AA 5, 238-241; on Cook's organizational and psychological skills in providing (relatively) healthy food and clean, dry clothing and persuading stubborn sailors to make use of them, see AA 5, 243-245.

This last remark suggests some reservations against an unquestioned, unquestionable, and therefore problematic aggressive and defensive European technical superiority on which, for better or for worse, Cook had had to depend heavily. He was, however, as Forster rightly emphasized, an agent in the history made in these voyages. He had contributed significantly to making the world more accessible in the larger 18th century sense of the public good served by making possible physical and mental action, motion, exchange of goods, words, and ideas. Seen through Forster's Enlightenment temperament, the experience of multiple realities, enabled by an increasing belief in the knowability of the world, was more exciting than the poetic desire to construct earthly paradises. The rich diversity of particular cultural activities was more satisfying than the general sameness of utopian fictions, including that of the noble savage who has no concept of property. Every people they encountered showed an understanding of property connected with the activity of procuring, producing, using, or trading it.[56] And this human sense of property appeared rooted in desire and reason. Based on his experience, Forster argued against Rousseau and his followers that the conflict between mine and yours, so sharp and destructive on the instinctual level, also brought forth the concept of property, which he thought would have been formed simultaneously with communicative structures like language and society (AA 5, 262f).

In discussing the kinds of knowledge brought about by Cook's voyages, Forster's portrait of the man emphasized above all his extraordinary practical intelligence which allowed him to seize up, as if in the blink of an eye, the most entangled natural and cultural complicatons (AA 5, 194f). There had been accusations of Cook's insensitivity, even cruelty towards some of the native peoples. Rather than defending him, Forster invited his readers to put themselves in Cook's situation before judging him. Cook dealt with native peoples not as a philosopher at his desk but as a sailor and explorer. Observing and recording their ways of life, he also became involved with them, joining in the actuality of their cultures and on occasion forcefully so. Here Forster pleaded necessity – also the necessity of Cook's contribution to knowledge – which might make the victimization it caused seem relatively insignificant. Again, it may not seem insignificant at the end of the 20th century. We are aware of the future consequences of that knowledge, troubled by our own socio-political past, and therefore willing to

56 AA 5, 262: »Immerhin mögen Romandichter, die sich ihrer Ideale nicht entschlagen können, und gewohnt sind, von Naturmenschen, vom goldnen Zeitalter, von ursprünglicher Vortrefflichkeit und Einfalt, und einem angebohrenen Gefühl, dass allen alles gehöre, überiridisch zu träumen, immerhin mögen sie, sage ich, diese Bilder ihrer süsselnden Phantasie auch in ihre Darstellung der wirklichen Welt übertragen: der Reisende durchirrt alle vier Weltteile und findet nirgends das liebenswürdige Völkchen, welches man ihm in jedem Walde und jeder Wildnis versprach. . . Man zeige uns den Wilden, der, ohne blödsinnig zu seyn, vom Mein und Dein gar keine Begriffe hat. *Sein* ist die Hütte, die er errichtet, der Pelz, den er genähet, der Kahn, den er ausgehöhlt, der Bogen, den er geschnitzt, die Schleuder, die er geflochten, das Netz das er gestrickt, der Putz den er sich mühsam zusammengesucht und mit unendlicher Geduld bereitet hat. *Sein* ist der Baum über seinem Haupte, der ihm Früchte trägt, das Wild, das er tödtet, der Fisch, den er fängt. *Sein* ist endlich der Wald, wo er jagt, das Ufer, wo er fischt, das Weib, das er umarmt. Niemand versucht es ungeahndet, ihn im Besitz dieses Eigenthums zu beeinträchtigen.«

judge temporally different cultures. More importantly, it did not seem so to all of Cook's contemporaries, some of whom complained about the European's misuse of superior technology.[57] But Forster, who had been present when Cook made his decisions, thought that on the whole he had been remarkably fair, and that his critics ought to inform themselves about the circumstances, that is, the quality of his judgment.

If Cook had become dangerous to some natives in some situations, he had also courted danger, to himself and others, by being so intent on opening the world to experience, making it »erfahrbar« in the literal and figurative sense of the (German) word. Forster emphasized the importance of Cook's determination to always land, even under the most difficult circumstances, in order to take exact measurements and to trade goods and language with the inhabitants, where other navigators had been content to record the sighting.[58] For Forster, who never recovered his health after his voyage with Cook and who was to die before he reached the age of forty, it was this quest for knowledge, and this endeavor to make it available to others, which signified the substance of Cook's greatness. Above all he admired the contribution made by Cook's explorations to the knowledge of our own variegated species: their physical differences, their mentalities and dispositions, their customs and habits, their clothes, shelter and food, their government, religion, science and art (AA 5, 209). Instructively, Forster linked Cook's desire to know (»Wissbegierde«) and his limitless appetite for activity (»Tätigkeit«) to his sharp awareness of time passing (AA 5, 209). Valuing time so highly, Cook was willing to spend time only if it helped him to obtain access to the different natural and cultural realities of the places and peoples visited. It took him four visits to Tahiti to finally see, on the third voyage, a human sacrifice, »this highly remarkable trait of cruel superstition in a people otherwise so gentle.«[59]

---

57 See here Forster's rejection of certain kinds of criticism aimed at Cook by »Herren und Damen von feinem Gefühl«: AA 5, 264.

58 »Ältere Südseefahrer scheuten gleichsam den Anblick des Landes; wo sie Küsten fanden, eilten sie schnell vorüber, oftmals ohne nur den Fuss darauf zu setzen, ohne den Umfang, die Gestalt und den Zusammenhang ihrer Entdeckungen zu untersuchen. Landeten sie auch irgendwo, so nahmen sie sich selten Zeit, den Endzweck einer Landung zu erreichen und von den vorgefundenen Produkten einigen Vorteil zu ziehen. Ihr Betragen gegen die Eingeborenen machte gewöhnlich einen schleunigen Abzug nöthig, ehe sie noch die Beschaffenheit der Gegegend und ihrer Erzeugnisse erforschen, und mit den Eigentümlichkeiten der dortigen Menschengattung bekannt werden konnten. Daher fehlte es ihren Berichten so oft an allem Interesse; und weit entfernt, den Forderungen des Physikers und des Weltweisen ein Genüge zu leisten, oder zur Sicherheit künftiger Seefahrer, und zum glücklichen Erfolg ihrer Unternehmungen beyzutragen, wussten sie nicht einmal die müssige Neugier des grossen Haufens zu befriedigen« (208f).

59 AA 5, 260. Forster criticizes sharply, and in instructive terms, the pressure exerted on Cook by the British Admiralty to limit his exploration to the search for the Northern passage, which, characteristically, he refused to respond to: »In der That war es so sehr auf die blosse Entdeckung der Durchfahrt in kaufmännischer Hinsicht abgesehen, dass man in dem geheimen Verhaltungsbefehl, der Würde des Entdeckers uneingedenk, ihm sogar ausdrücklich gebot, sich, im Falle er neue Inseln fände, mit ihrer Untersuchung nicht aufzuhalten, und an der Küste von Amerika südwärts vom fünf und sechzigsten Grade der Breite keine Zeit zu verlieren. Ja, so brennend war die Begierde, dieses Lieblingsprojekt nun endlich

The kinds of knowledge contributed by Cook's explorations supported neither the superiority nor the inferiority of European culture. On the basis of his experience of many different peoples, Cook formed a view of human nature and its potential for happiness which excluded fictions of a golden age: »Everywhere Cook and his companions went, be it close to the pole or the equator, they found human pleasure in the relation of physical and mental activity.«[60] How then, could one conceive the art of making men and women happy? One cannot, because the concept of happiness itself is so relative.[61] Happiness is a balancing of energies; of motions, actions, and feelings, which is itself in flux and which, shifting on different levels, is shifting also in relation to the many different environments in which men and women evolve. In Forster's view, the progress (»Fortschritt«) of Enlightenment is a process of many »Fortschritte.« His image for this process is organic: a huge complexly organized body in which every part is important in interdependent growth and decline. It is precisely in this sense that Cook was for Forster eminently a contemporary of the late 18th century. What Cook contributed to the knowledge of the globe would influence human (cultural) activities for a long time to come, because the enterprise of his voyages, nurtured by ever more complicated needs, had in turn contributed to the latter's growing complexity by making more of the world accessible.[62]

---

ausgeführt zu sehen, dass man den Wunsch zu äussern wagte, Cook möchte binnen Jahresfrist sich in der Durchfahrt befinden. Doch der Geist dieses grossen Mannes blieb sich auf seiner letzten Reise gleich, und seine Neigung das Reich der menschlichen Kenntnisse zu erweitern, band sich nicht an eine unedle Vorschrift« (228). The third voyage was to last four years and three months: the *Resolution* (Captain Gore) and *Discovery* (Captain King) cast anchor in the Thames estuary on October 4, 1780; Cook had been killed on February 14, 1779.

60 AA 5, 281: »Überall, wohin Cook und seine Gefährten kamen, es sey in der Nähe des Pols oder des Äquators, fanden sie den Genuss der Menschen im Verhältnis mit der Thätigkeit ihres Körpers und ihres Geistes.«

61 AA 5, 285 f.: »Schon der schwankende Begriff der Glückseligkeit, den jeder mit sich herumsträgt, müsste wohl, ehe er praktisch werden könnte, in den meisten Fällen eine grosse Einschränkung oder eine gänzliche Umschmelzung leiden«.

62 AA 5, 294. See here also the review Forster himself wrote of the collection of his essays in the 1789 *Kleine Schriften*. He ranked the Cook essay first, summing up once more the position from which he had defined in that text the cultual meanings of voyaging and discovery: »Mit Kräften, die sich auf Coexistenz beziehen und nur durch coexistierenden Widerstand in Handlungen offenbar werden, muss der Mensch überall durch die Metamorphosen der Bildung aufsteigen zu dem componirten Zustande des gesitteten Lebens, in welchem sich seine Bedürfnisse mit seinen Beziehungen vervielfältigen, seine Triebe gleichsam beflügelt erscheinen, sein Wirkungskreis die Gränzen seiner physischen und moralischen Einschränkung ganz ausfüllt; er kann schlechterdings nicht stille stehen auf der von Rousseau so unbillig vorgezogenen Stufe seines Raupenlebens, dem Stande der Wildheit, so bald nur günstige Verhältnisse irgend wo und wann zur Offenbarwerdung seiner Kräfte wirken. Der ganze Kreis der Begriffe muss einmal durchlaufen seyn. Entdeckte Columbus nicht America, so thats ein anderer; kamen Europäer nicht nach Mexico, so wären einst Mexicaner nach Europa gekommen. Weise und glücklich sind wir nur durch die Läuterung und Vervielfältigung unserer Begriffe; und von dieser Seite bereichern uns die Entdecker. Hat die Bereicherung des Verstandes auch üble Folgen, so ist der Missbrauch doch nur unvermeidliche Bedingung des Guten . . . Mängel und Übel sind von der Einschränkung, wie diese von der Coexistenz, unzertrennlich« (AA 11, 181f).

Like most good intellectual biographers, Forster looked at Cook's achievement through his own experience. Accompanying Cook had given him an extraordinarily rich experience of human diversity, which rid him not of the ability to judge and choose, but of the need to cast models in which to be human. By taking the young Forster around a world full of strangeness and wonder, Cook enabled him to become absorbed in that momentary and perpetually renewed »sensual identification«[63] with the subject of his observation. This temporary identification penetrated to the subject's otherness more clearly and urgently than speculative thought, and it made him wish to preserve and to question it in representation. But the desire to question what it was that he had seen led him to develop the reflective dimension of his descriptive narrative – what he had called in the preface to his *Voyage Round the World* a »philosophical recital of facts« based on a critical awareness of the manner of seeing. Facts are composed in shared perception; the results of acts of constructing which involve different observers and, importantly, also the observed; they are therefore not stable. Forster had come to understand this situation as a traveler and observer, and as a reviewer of travel literature. The voyages in which he had participated had contributed a wealth of new knowledge about the natural and cultural world. It was the newness, the strangeness of this knowledge which, particularly where it concerned human diversity, brought out the human agency implied in the literal meaning of the term ›fact‹(Latin *factum)*, a thing done, made. In Forster's case – and here he was very much an Enlightenment intellectual – this by no means suggested despair of getting to the truth of the matter. It just meant a different, more open, more temporary, more provisional concept of truth, which shaped, along with the object observed, the act of observation and the observer. Already in the *Voyage*, Forster had submitted to future changes the link between multiple perspectives and multiple realities. In time, he imagined, there would be other observers who would see the world differently, because they and what they looked at would be different – the result, in part, of past efforts to observe and document diversity.

63 Goethe in his answer to a letter from Schiller of February 13, 1798 on the suitability of a figure like the circumnavigator Cook for an epic poem – his interest in the South Sea islands and in Cook had been stimulated by his contact with the Forsters – acknowledged the subject's epic potential, but also his reservations: he feared that without »das unmittelbare Anschauen« one would be left with mere description, that is, without »sinnliche Identifikation mit dem Gegenstande« (*Briefwechsel zwischen Schiller und Goethe*, ed. Friedrich Muncker, Stuttgart 1892, 3, 41f, 43f). I owe this reference to Leslie Bodie, »James Cook in der deutschen Literatur,« *Reise und soziale Realität am Ende des 18. Jahrhunderts*, ed. Wolfgang Griep and Hans-Wolf Jäger, Heidelberg 1983, 218-235, here: 231. On the issue of voyages and the abstractions from observation see also Gerhard Sauder, »Sternes ›Sentimental Journey‹ und die ›Empfindsamen Reisen‹ in Deutschland,« *Reise und soziale Realität*, 303-319.

Ralph Häfner (München)

DIE WEISHEIT DES URSPRUNGS

Zur Überlieferung des Wissens in Herders Geschichtsphilosophie*

I. »*Sapientia*« *und* »*sagacitas*«

Die kaiserzeitliche Stoa gelangte im sechzehnten und siebzehnten Jahrhundert zu einer neuen Blüte. Seneca, dessen Oeuvre in diesem Zeitraum und im Verhältnis zu den Schriften Epiktets und Marc Aurels durch eine außerordentlich große Zahl von Editionen wirksam geworden ist,[1] besitzt auch für die Überlieferung und Doxographie der griechischen Philosophie eine kaum zu überschätzende Bedeutung. Im neunzigsten seiner Briefe an Lucilius setzte er sich auf eine Weise mit der Kulturtheorie des mittleren Stoikers Poseidonios von Apameia[2] auseinander, die zugleich seinen eigenen Standpunkt klar hervortreten läßt. Poseidonios[3] maß nach dem Referat Senecas der *philosophia* die Funktion einer Erfinderin der Künste zu. Seneca mindert nicht den Wert der *sapientia*, deren höchstes Ziel er vielmehr darin erblickt, dem Menschen die *initia rerum* aufzuschließen und eine Einsicht in das Wirken der allem eingegebenen *ratio aeterna*, der alles einzelne bildenden *vis omnium seminum* zu eröffnen;[4] allein die Kunstfertigkeiten des täglichen Lebens, die Werkzeuge der Handwerker, die Webkunst etc. seien das Ergebnis der durch den Gebrauch geschulten Scharfsinnigkeit der Menschen, nicht jedoch der Weisheit der *vires sapientes*: »omnia enim ista sagacitas hominum, non sapientia invenit.«[5] Senecas Replik erschließt einen mehrschichtigen Problemhorizont, denn seine Entgegensetzung von *sapientia* und *sagacitas hominum* weist im Hinblick auf die Frage nach der ursprünglichen Erfindung der Künste nicht nur auf das Verhältnis einer im Rückgang auf die Gründe des Wirklichen erlangten Erkenntnis des Göttlichen und des Menschlichen; sie problematisiert vielmehr zugleich den in seinem Sinne lebenspraktischen Wert eines auf dem Gebrauch und der wiederholten Übung beruhenden Erfahrungswissens. Beide Wissensmodi, des handelnden Menschen und des erkennenden Weisen, sind ihm komplementäre, wiewohl

---

* Die vorliegende Abhandlung ist die überarbeitete und erweiterte Fassung eines Vortrags, den ich am 22. Januar 1993 im Rahmen des von Pierre Pénisson geleiteten Colloquiums »Herder & la Philosophie de l'Histoire« an der École normale supérieure, Paris, gehalten habe.

1 Neben den grundlegenden Studien von Julien Eymard d'Angers vgl. dessen Bibliographie »Le renouveau du stoïcisme en France au XVIe siècle et au début du XVIIe siècle«, in: idem, *Recherches sur le stoïcisme aux XVIe et XVIIe siècles*, hg. L. Antoine, Hildesheim, New York 1976, 507-532, hier: 507-514.

2 Vgl. Max Pohlenz, *Die Stoa. Geschichte einer geistigen Bewegung*, Bd. 1, Göttingen [6]1984, 208-238.

3 Vgl. Posidonius, *I. The Fragments*, hg. L. Edelstein, I.G. Kidd, Cambridge, 1972, Nr. 284, und I.G. Kidd, *Posidonius, II. The Commentary: (ii) Fragments 150-293*, Cambridge 1988, 960-971.

4 Seneca, *Ep. mor.* 90,29.

5 Ibid. 90,11.

gänzlich unterschiedene Hinsichten auf diesen mächtigen »Göttertempel«, *mundus ipse*.[6]

In seinen 1753 erschienenen *Conjectures sur les memoires originaux* stieß Jean Astruc bei der Untersuchung der Frage, ob die Erfindung der Buchstaben und die Kunst des Schreibens auf eine ältere Epoche als das Zeitalter Moses' zurückgingen, auf folgendes »Dilemma«: »Ou c'est Dieu, qui a appris l'art d'écrire à Adam, ou l'invention de cet art est duë uniquement à l'industrie des hommes, qui ont senti la necessité, & qui en ont imaginé les moyens.«[7] Während jene Ansicht dem »System des Glaubens« entspreche, so setze die letztere, wie Astruc mit Beziehung auf Warburtons Modell der Schriftentstehung darlegt, eine *allmähliche* (*par degrez*) Entdeckung und Verfeinerung der Kunst des Schreibens voraus. Eine derartige Auffassung sei umso wahrscheinlicher, wenn man annehme, daß Gott diese Erfindung der »sagacité des hommes« überlassen habe.[8] Astrucs Dilemma rekurriert wörtlich auf Senecas Erörterung der Entstehung der Künste, und auch für ihn schließen sich offensichtlich beide Ansichten einander aus. Herder, der in der Sprachschrift von 1772 die These eines menschlichen Ursprungs der Sprache begründete und damit die Aporie im Sinne Senecas auflöste, ließ die in diesem Modell implizierte Problematik einer vervollkommnenden Progression der Kultur des Menschen aber noch offen. Erst durch die »Entdeckung« der hieroglyphischen Struktur des menschlichen Wissens wird er Senecas divergierende Ansichten über *sapientia* und *sagacitas* in einem denkgeschichtlichen Kontext zu verbinden suchen, der ihm mit dem Werk Spinozas zugleich die spinozistischen Implikationen der jüdischen Kabbala öffnete.

Die Argumentation des Poseidonios, soweit sie aus Senecas Brief rekonstruierbar ist, weist auf den platonischen *Politikos* zurück: einst unterstanden die Menschen der Führung Gottes, die ihnen alle Kunsterfindung überflüssig machte;[9] jetzt haben sie für sich selbst Sorge zu tragen, und darum haben ihnen die Götter alten Berichten zufolge die Kunstfertigkeiten zum Geschenk gemacht, damit sie die drückende Not milderten.[10] Der Fremde in Platons Dialog beruft sich auf »alte Berichte« (τὰ πάλαι λεχθέντα), die ihm für die Wahrheit seiner Geschichte bürgen. Seneca begründet demgegenüber die Entstehung der Produkte der *sagacitas hominum* durch Schlußfolgerungen, die er aus der Beobachtung der Tätigkeiten der Handwerker und Landleute herleitet. Diese erkenntnistheoretisch konträre Begründung unseres Wissens von der Erfindung der Künste fand im siebzehnten und achtzehnten Jahrhundert eine unterschiedliche Aufnahme. Johann Franz Buddeus führte in der Vorrede zu seiner *Introductio ad historiam philosophiae Ebreorum* (1702) über die methodischen Grundlagen der Altertumswissenschaft aus: »Omnis [...] rerum omnium divinarum humanarum-

6 Ibid. 90,28.

7 Jean Astruc, *Conjectures sur les memoires originaux dont il paroit que Moyse s'est servi pour composer le livre de la Genese. Avec des Remarques, qui appuient ou qui éclaircissent ces conjectures*, Brüssel 1753, 284.

8 Cf. ibid. 292-294.

9 Platon, *Politikos* 271 c 8-272 b 1.

10 Ibid. 274 b 5-e 1.

que cognitio ex duplici procedit fonte, ratione & traditione.«[11] Gerade die Hauptstücke aller Philosophie, nämlich die Prinzipien der Natur, das Dasein der Geister sowie der Ursprung und das Wesen des Menschen seien allein durch die Zeugnisse der *traditio* zu erkennen, weil sie auf der Einsicht in die »prima origo« des Wissens beruhten. Nur das hebräische Volk habe diese »älteste Geschichte des Anfangs aller Dinge«, die dann von ihm aus den anderen Völkern mitgeteilt worden sei, bewahrt. Buddeus' methodische Überlegung über die Wissensbegründung im Bereich der historischen Forschung rekurriert nicht explizit auf die Frage nach der *Gewißheit* geschichtlich überlieferter Zeugnisse, denn die von Moses aufgezeichneten »annales antiquissimi« zeugen ihm für eine schlechthin gültige Wissensquelle, deren »vera & genuina sapientia« gerade durch ihre ursprüngliche »simplicitas« verbürgt sei.[12]

Auch Herder leitet im Horizont der Schulphilosophie seiner Zeit seinen Fragment gebliebenen *Versuch einer Geschichte der lyrischen Dichtkunst*[13] aus der Mitte der 1760er Jahre mit einem Ausblick auf die drei Wissensformen der *cognitio historica*, *philosophica* und *probabilis* ein, wie er sie in Kants Vorlesungen über Metaphysik seit 1762 kennengelernt hatte. Der Status der auf dem sinnlichen Erfahrungsurteil beruhenden Erkenntnis wurde in Deutschland neben dem Kreis um Thomasius und Rüdiger vor allem über die von Pierre Coste übertragene französische Ausgabe des Lockeschen *Essay Concerning Human Understanding* problematisiert. Kant nutzte für seine Vorlesungen die Handbücher Alexander Gottlieb Baumgartens und Georg Friedrich Meiers,[14] die er über die Jahre hinweg um eine Fülle eigener Reflexionen erweiterte; in dieser anhand der *frühesten* erhaltenen Vorlesungsnachschriften kaum noch zu rekonstruierenden Gestalt setzte sich Herder in seiner Königsberger Studienzeit zuerst mit den systematischen Problemen einer genuin anthropologischen Denkform auseinander. Die »Wißbegierde«, so führte er dann im *Versuch* aus, »verfolgt ihren Weg bis in die dunkelsten Zeiten, um in ihnen den Anfang der Dinge entweder historisch zu erfahren, oder philosophisch zu erklären, oder wahrscheinlich zu mutmassen.«[15]

---

11 Johann Franz Buddeus, *Introductio ad historiam philosophiae Ebreorum. Accedit dissertatio de haeresi valentiniana*, Halle 1702, Vorrede (nicht paginiert). Vgl. *Bibliotheca Herderiana*, Weimar 1804, Reprint: Köln 1980, Nr. 2872 (Dieses Verzeichnis wird im folgenden zitiert als BH mit zugehöriger Buchnummer). Vgl. Daniel Clasen, *De Oraculis gentilium et in specie de vaticiniis sibyllinis libri tres*, Helmstedt 1673, Vorrede (nicht paginiert), (cf. BH 1655): »Duo enim sunt principia, quibus rerum naturalium & humanarum cognitio potißimum acquiri poterit: *Ratio* scilicet & *Traditio*« etc.

12 Ibid.

13 Zu den von Herder verwendeten Quellenschriften vgl. den Kommentar von Wolfgang Proß, in: Johann Gottfried Herder, *Werke*, hg. W. Proß, Darmstadt 1984, I,693-696, der im übrigen für eine frühe Datierung des *Versuchs* ins Jahr 1764 eintritt. (Diese Ausgabe wird im folgenden mit der Sigle HWP unter Angabe der römischen Band- und der arabischen Seitenzahl zitiert).

14 Vgl. Gerhard Lehmann, »Kants Entwicklung im Spiegel der Vorlesungen«, in: *Studien zu Kants philosophischer Entwicklung* (Studien und Materialien zur Geschichte der Philosophie. Bd 6.), Hildesheim 1967, 144-158.

15 Johann Gottfried Herder, *Sämmtliche Werke*, hg. Bernhard Suphan, 33 Bde, Berlin 1877-1913, 32,85 (Diese Ausgabe wird im folgenden unmittelbar nach dem Zitat mit arabischen Band- und Seitenzahlen nachgewiesen).

Im Verhältnis zu der in Kants *Träumen eines Geistersehers* entfalteten Erkenntniskritik und zur Skepsis La Mothe Le Vayers und Humes, mit deren Schriften er sich in diesem Jahrzehnt beschäftigt hatte, enthält Herders Bemerkung über die »dunkelsten Zeiten« zugleich einen Hinweis auf die »Geschichte des Menschen«, die er hier im Hinblick auf Goguet mit der Frage nach dem »Ursprung menschlicher Werke und Erfindungen« verknüpft.[16] Die Anthropologie, die in seinen Königsberger Aufzeichnungen zunächst ausschließlich um das Problem der sinnlichen Erfahrung, der Urteilsbildung und der sich hieraus ergebenden Handlungstheorie zentriert war, dringt hier zum ersten Mal in den Bereich *vermittelter* sinnlicher Erfahrung vor, deren mögliche Erkenntnis durch die methodischen Prinzipien *ratio* und *traditio* bestimmt wird. Die Kulturgeschichte des menschlichen Verstandes,[17] die dann sehr rasch ins Zentrum des Herderschen Interesses tritt, hat demnach sowohl über den Horizont rationeller Erkenntnis, der *cognitio philosophica*, als auch über den Bereich vergleichender Kritik der Quellen hinauszureichen. Die kritisch-philologische Sichtung der Nachrichten, dieses »Feldes voll todter Gebeine« (32,89),[18] so Herder im *Versuch*, leiste noch nichts zu deren Interpretation, und die ältesten mündlichen Traditionen an den späteren schriftlichen »Nachrichten« zu messen, führe zu Fehlschlüssen, die die Ergebnisse der Altertumsforscher bisher getrübt haben. Im Mai 1774 schreibt er an Hamann über seine Auslegung der ersten Kapitel der biblischen *Genesis*, er hoffe, »daß die Offenbarung und Religion Gottes, statt daß sie jetzt Kritik und Politik ist, simple Geschichte und Weisheit unsres Geschlechts werde«,[19] und im ersten Band der *Aeltesten Urkunde des Menschengeschlechts* (1774) konstatiert er schließlich: »Ich bin weder Kircher noch Huet, und leite nichts her. Ich zeige nur, [...].« (6,364) Trotz dieser harschen Polemik, die Herder an der philologischen Kritik seiner Zeit übt, sollte der Nutzen, den er aus den entsprechenden Werken von Kircher, Burnet, Huet, Buddeus, Perizonius und vielen anderen Altertumsforschern zog, nicht unterschätzt werden. Obgleich das methodische Verfahren in seinen kulturgeschichtlichen Schriften bekanntlich entscheidend von Diderots, Condillacs und Bonnets Psychologie sowie durch die 1765 durch Rudolf Erich Raspe publizierte detaillierte Replik Leibnizens auf Lockes *Essay* geprägt wurde, sind nicht wenige Denkfiguren dieser philologisch-kritischen Literatur im Werk Herders fruchtbar geworden. Die eigentümliche Gestalt des Herderschen Denkens ergibt sich gerade aus diesem *Verfahren produktiver Rezeption*, das in der Überformung und psychologischen Durchdringung überlieferten Wissens dessen Wirkungsmächtigkeit von neuem oder allererst hervortreten läßt.

---

16 Cf. ibid. Auf die herausragende Bedeutung Goguets für Herders *Versuch* weist Wolfgang Proß hin (vgl. HWP I, Registerangaben).

17 Vgl. hierzu die gründliche, vor allem auf Herders Rezeption Pufendorfs rekurrierende Untersuchung von Joseph Niedermann, *Kultur. Werden und Wandlungen des Begriffs und seiner Ersatzbegriffe von Cicero bis Herder*, (Biblioteca dell'«Archivum Romanicum«. Serie I, vol. 28.), Florenz 1941.

18 Vgl. auch Pierre Pénisson, »Nachwort«, in: HWP I,864-924, hier: 885.

19 Johann Gottfried Herder, *Briefe*, hg. Wilhelm Dobbek, Günter Arnold, Weimar 1977 ff., Bd. III,84. (Diese Ausgabe wird im folgenden mit der Sigle Br. unter Angabe der römischen Band- und der arabischen Seitenzahl zitiert).

II. *»Prisca sapientia« und die mosaische Dichtung*

Herder hat die Überlieferung einer urprünglichen Weisheit der Völker, der *sapientia veterum*,[20] mehrfach thematisiert. Es lassen sich hierbei mehrere Stadien der Entfaltung, Umformung und Instrumentalisierung dieses Gedankens von der Mitte der 1760er Jahre bis zur *Aeltesten Urkunde* und zur Geschichtsphilosophie von 1774 beobachten. Bereits in dem *Versuch* gab er ganz im Sinne Goguets, Boulangers oder Buddes zu bedenken, daß der »Fortgang« und die »Blüte« einer Kunst oder Wissenschaft stets »aus ihrem Ursprunge« herzuleiten sei. Herder bildet sich diese Argumentation in Analogie zu dem naturgeschichtlichen Modell der Praeformation, da »in dem Samenkorn die ganze Pflanze mit allen ihren Theilen eingehüllet liegt« (32,87).[21] Obgleich dieser Ursprung »das ganze Wesen seines Produktes« (32,86 f.) und somit den Schlüssel zur Interpretation dieses Wesens in der Erscheinung enthalte, so sei er doch der menschlichen Erkenntnisfähigkeit stets verborgen.

Neben diese naturgeschichtliche Analogiebildung tritt Herders Beschäftigung mit den Interpretationen des Wissensursprungs, wie sie vor allem durch die Literatur der ersten nachchristlichen Jahrhunderte vorliegen. Clemens Alexandrinus, dessen Werke er schon früh in den Ausgaben von Gentianus Hervetus und Friedrich Sylburg benutzte,[22] zählt im Hinblick auf das traditive Wissen um die *sapientia veterum* neben Origenes[23] und Eusebius[24] zu den wirkungsmächtigsten Literatoren vom Übergang der Spätantike zum frühen Christentum. Clemens' Annahme, daß auch in den heidnischen Weissagungen göttliches Wissen in verdeckter Gestalt verborgen liege,[25] gründet sich vor allem auf entsprechende Hinweise bei Heraklit, Xenokrates und anderen,[26]

---

20 Vgl. zunächst: D.P. Walker, »The ›Prisca Theologia' in France«, in: Journal of the Warburg and Courtauld Institutes 17(1954), 204-259; idem, *The Ancient Theology. Studies in Christian Platonism from the Fifteenth to the Eighteenth Century*, London 1972; vgl. die Rezension hierzu von François Secret, in: XVIIe siècle, no. 110-111, 1976, 122-124; Charles B. Schmitt, »Prisca Theologia & Philosophia perennis: due temi del Rinascimento italiano e la loro fortuna«, in: Giovannangiola Tarugi (Hg.), *Il pensiero italiano del Rinascimento e il tempo nostro.* Atti del V convegno internazionale del centro di studi umanistici, Montepulciano – Palazzo Tarugi, 8-13 Agosto 1968, Florenz 1970, 211-236; Marc Fumaroli, »Hiéroglyphes et lettres: la »sagesse mysterieuse des anciens« au XVIIe siècle«, in: XVIIe siècle, no. 158, 40(1988), 7-20; Eugenio Garin, »A proposito della »prisca theologia« in Francia«, in: Rivista di storia della filosofia 43(1988), 121-129; Paolo Casini, »The wisdom of the ancient Italic philosophers«, in: *Transactions of the International Congress of the Enlightenment. Budapest 26 July-2 August 1987*, (Studies on Voltaire and the eighteenth century. Vol. 263.), Oxford 1989, 557-564.

21 Zum Verhältnis zu Caspar Friedrich Wolffs Begriff einer »Epigenesis« vgl. den Kommentar von Wolfgang Proß, in: HWP I,700-701.

22 Vgl. das in Herders Nachlaß befindliche, nach Buchformaten geordnete Verzeichnis »Meine Bücher, den 21. Juni [1]776«, Kapsel XXXIV 2 (ich zitiere dieses Verzeichnis, dessen kritische Edition ich vorbereite, als *Meine Bücher* mit Buchformat und zugehöriger Buchnummer): 2°: 39 und 2°: 117.

23 Vgl. *Meine Bücher*, 2°: 60.61.

24 Vgl. *Meine Bücher*, 2°: 114; vgl. auch Br. II,177 (Brief an Hartknoch, Ende Mai 1772).

25 Clemens Alexandrinus, *Strom.*, ed. Stählin-Früchtel, II,2, § 7,2-3.

26 Ibid. II,2, § 8,1; II,5, § 25,5; II,5, § 24,1 et al.

aber auch auf Epikurs Lehre vom Vorurteil.[27] Die von Herder rezipierten philologisch-kritischen Untersuchungen zur ägyptischen Hieroglyphik, zu den so genannten chaldäischen Orakeln,[28] zu den sibyllinischen Weissagungen,[29] zu dem hermetischen *Poimandres* und zu den pseudo-pythagoreischen *Aurea carmina*[30] sind dieser patristischen Denkform auf vielfältige Weise verbunden; sie sind Zeugnisse eines *neu-apologetischen Humanismus*, der die Verfahrensweisen der frühchristlichen Allegorese mit dem Instrumentarium philologischer Textkritik zu erneuern versuchte. Seine sowohl kritische als apologetische Intention unterscheidet ihn grundsätzlich etwa von den Spielarten der Philologie und der emblematischen Hieroglyphik des sechzehnten Jahrhunderts.

Herder war zudem über Daniel Clasen,[31] Fabricius und Eschenbachs *Epigenes*[32] zumindest indirekt mit einem der bedeutendsten Erneuerer der *prisca sapientia*, mit Agostino Steuco vertraut, der seine Schrift *De perenni philosophia* (1540)[33] dem Gedanken eines ursprünglichen, durch den Sündenfall aber weithin vergessenen göttlichen Wissens widmete. Aber bereits in dem *Versuch einer Geschichte der lyrischen*

---

27 Clemens' Einschätzung Epikurs ist uneinheitlich und entspricht der synkretistischen Form der *Stromata*; zur Lehre vom Vorurteil vgl. *Strom.* II,4, § 16,3.

28 Herder benutzte die Ausgabe der *oracula chaldaica* in der Redaktion Patrizis, die Thomas Stanley seiner *Historia philosophiae orientalis* (1690) als Anhang beigegeben hatte. Vgl. *Meine Bücher* (Anm. 22), 8°: 409.

29 Daniel Clasen hatte die sibyllinischen Orakel nach der Edition Sébastien Châteillons in seine einschlägige Untersuchung aufgenommen. Vgl. Daniel Clasen, *De Oraculis gentilium et in specie de vaticiniis sibyllinis libri tres [...]. In fine adiuncta sunt carmina sibyllina è versione Sebastiani Castalionis*, Helmstedt 1673 (BH 1655). Châteillons Ausgabe geht ihrerseits auf die byzantinische Textüberlieferung durch Psellos zurück. Die Echtheit wurde von vielen, etwa auch von Buddeus, in Zweifel gezogen. – Darüber hinaus benutzte Herder eine deutsche Übersetzung der Orakel von Johann Christian Nehring: *Oracula sibyllina oder Neun Bücher Sibyllinischer Weissagungen*, Essen 1702 (vgl. *Meine Bücher* 8°: 710).

30 Vgl. *Meine Bücher* 8°: 808. Zur Rezeption der ps.-pytharoreischen Schriften vornehmlich im Kontext der *prisca theologia* vgl. Paolo Casini, »Pythagore en Angleterre dans la seconde moitié du XVIIe siècle«, in: G. Barber, C.P. Courtney (Hg.), *Enlightenment essays in memory of Robert Shackleton*, Oxford 1988, 27-38; idem, »Pythagore en France à l'aube des Lumières«, in: C. Mervaud, S. Menant (Hg.), *Le Siècle de Voltaire. Hommage à René Pomeau*, Oxford 1987, 245-254.

31 Daniel Clasen, *De oraculis gentilium* (Anm. 29), 11.

32 Eschenbach, *Epigenes de poesi orphica, in priscas orphicorum carminum memorias liber commentarius*, Nürnberg 1702, 71. 112. Herder entlieh Eschenbachs Schrift von Hamann: vgl. seinen Brief von Mai/Juni 1769 an Hamann (Br. I,147: »Eschenbach Epigenes, den ich mir wohl einmal noch zurückwünsche«). Vgl. BH 1651. S. a. Wolfgang Proß, »Herders Shakespeare-Interpretation. Von der Dramaturgie zur Geschichtsphilosophie«, in: Roger Bauer (Hg.), *Das Shakespeare-Bild in Europa zwischen Aufklärung und Romantik* (Jahrbuch für Internationale Germanistik A,22), Bern, Frankfurt/M., New York, Paris 1988, 162-181, hier: 170-172.

33 Vgl. Giovanni Di Napoli, »Il concetto di ›Philosophia perennis‹ di Agostino Steuco nel quadro della tematica rinascimentale«, in: *Atti del IV convegno di studi umbri. Gubbio 22-26 Maggio 1966*, [Bd. 4:] *Filosofia e cultura in Umbria tra Medioevo e Rinascimento*, Gubbio 1967, 459-489. Zur Bewertung Steucos durch Leibniz vgl. Saturnino Alvárez Turienzo, »Révélation, raison et ›philosophia perennis‹«, in: Revue des Sciences philosophiques et théologiques 64(1980), 333-348; H.J. de Vleeschauwer, *Perennis quaedam philosophia. Exégèse et antécédents d'un texte leibnizien. Première partie: Exégèse*, (Communications of the University of South-Africa, Pretoria. C,68.), Pretoria 1968.

Dichtkunst äußerte Herder Bedenken gegenüber der Annahme einer ursprünglichen Weisheit Adams. Dieser seit der *Genesis*-Exegese Philons von Alexandrien vielfach erörterte Gedanke wirkte noch bis in Buddeus' Einführung in die hebräische Philosophie (1702). Nach dem von Herder benutzten byzantinischen, so genannten Lexikon des Suidas besitzt Adam, der von Gott berufene »erste weise Theograph«, alle »Künste und Wissenschaften«, und die nach ihm gebildeten Menschen entfernen sich zu dem Schwächeren hin mehr und mehr von jenem seligen und gottgestaltigen Nachbild. Die Geschichte des Wissens *post lapsum* sei ein Werk des Teufels, die von den Ägyptern über die Perser, Brachmanen, Chaldäer bis auf die griechischen Dichter und Philosophen von der Herrschaft der »unechten Weisheit« bestimmt sei.[34] Hatten noch Georg Moebius die heidnischen Orakel[35] und Clasen manche Irrtümer der sibyllinischen Weissagungen mit dem Eingreifen des Teufels begründet, so gelangte erst Isaac Vossius, zumal in der Auseinandersetzung mit dem Orientalisten Edward Pocock einerseits und Antonius van Dale und Fontenelle andererseits zu einer kritischen, von den Prinzipien der vergleichenden Bibelkritik geleiteten Einschätzung der *Sibyllina*.[36] Buddeus versuchte in seiner *Introductio* die »indita a benignissimo Numine sapientia« mit Pierre Bayles entschiedener Kritik an der vorgeblichen »sapientia Adami« zu einem Ausgleich zu bringen. Adams Weisheit sei freilich nicht mit dem neueren, durch die »Erfahrung« (*experientia*) vieler Jahrhunderte bereicherten Wissen identisch; da aber die hebräische Philosophie von Adam herzuleiten sei, so habe man schon aufgrund der zum Bilde Gottes geschaffenen Natur des ersten Menschen Adams Einsicht in das innerste Wesen der geschaffenen Dinge anzunehmen.[37] Herder scheint sich zunächst auf die bei Buddeus vorgetragene Argumentation Athanasius Kirchers zu beziehen: »Sunt qui Adamum omnium artium disciplinarumque callentissimum fuisse tradunt. Theologum fuisse, Philosophum, Medicum, Astrologum, Chymicum, Mathematicum, ex Rabbinorum & Paraphrastae Samaritani testimoniis asserit Kir-

34 *Suidae Lexicon*, hg. Ada Adler, Pars I, Leipzig 1928, 43-46, hier: 44. – Herder forderte dieses Werk 1772 bei seinem Verleger Hartknoch an (vgl. Br. II,177) und erhielt es im November 1773 (Br. III,54). Cf. *Meine Bücher* 2°: 6-8. Vgl. Philo Alex., *op.* 136.140.148. Vgl. Willy Theiler, »Philo von Alexandria und der hellenisierte Timaeus« [zuerst 1971], in: Clemens Zintzen (Hg.), *Der Mittelplatonismus*, Darmstadt 1981, 52-63, hier: 60.

35 Vgl. Georg Moebius, *Tractatus philologico-theologicus de oraculorum ethnicorum origine, propagatione, et duratione [...]*, Leipzig 1660, 16-17: »Ut igitur tandem veram Oraculorum originem investigemus, dicimus, *Oracula ista ethnica neminem nisi diabolum authorem agnoscere, & singulari astutiâ, & fraude ab ipso tanquam simiâ Dei introducta fuisse.*« (Vgl. *Meine Bücher*, 8°: 786).

36 Vgl. Isaac Vossius, *De Sibyllinis aliisque quae Christi natalem praecessere Oraculis*, Oxford 1679; Antonius van Dale, *De oraculis gentilium*; idem, *Dissertationes de origine ac progessu idololatriae et superstitionum: De vera ac falsa prophetia; Uti et de divinationibus idololatricis judaeorum*, Amsterdam 1696, bes. 341-360; zu Vossius und Pocock vgl. jetzt David S. Katz, »Isaac Vossius and the English Biblical Critics 1670-1689«, in: *Scepticism and Irreligion in the Seventeenth and Eighteenth Centuries.* Edited by Richard H. Popkin and Arjo Vanderjagt, (Brill's Studies in Intellectual History, Volume 37), Leiden, New York, Köln 1993, 142-184.

37 Buddeus, *Introductio ad historiam philosophiae Ebreorum* (Anm. 11), 1-2.

cherus«.[38] »So bildet man sich«, referierte Herder diesen Gedanken, »die ersten Patriarchen, und Adam insonderheit mit den reichsten Kenntnissen, als Pansophen; als Theologen, als Naturkenner, als ascetische Frömmlinge, wenn man mir dies Wort erlaubt.« (32,128)[39] Die intensiv diskutierte Frage nach dem Ursprung und der Beschaffenheit der Weisheit Adams stellt sich hier als Variation über Senecas grundsätzliche Überlegungen zu *sapientia* und *sagacitas* dar. In der Tat führte Eschenbach über die »Origines Artium & Initia« aus, die Annahme, vor Thales, Pythagoras und Homer habe es keine Dichter oder Weise gegeben, führe zu dem Irrtum, daß die Künste (*artes*) bei einem einzigen Volk wie Pilze über Nacht hervorgetrieben und zur Reife gekommen seien,[40] und Johann David Michaelis merkte in seiner Ausgabe von Robert Lowths *De sacra poesi hebraeorum* (1753) an, daß schon vor Moses Dichtungen von einfacher und schmuckloser Art bestanden haben müssen, die sich erst nach und nach zur Dichtung des goldenen Zeitalters der hebräischen Poesie gebildet haben.[41] Die »Dunkelheit« der allein durch spätere Zeugnisse überlieferten Dichtung und Weisheit der ältesten Zeit rechtfertigt also nicht die These eines göttlichen Ursprungs, wie Herder betont, denn die Künste und Wissenschaften waren keineswegs »vollkommen in ihrem Ursprunge«, sie waren vielmehr so unvollkommen, daß sie der menschlichen Aufmerksamkeit noch nicht als »Erfindung« merkwürdig wurden: »Keine Erfindung ist *auf einmal* entstanden: sie war im Anfange nicht das, was sie ward; sie war unmerkwürdig« (32,89). Adams »Kenntnisse und Erfindungen« entsprechen demnach der »ersten Stufe des Lebens«, die stets durch eine »unausgebildete Sprache« und durch »halbentwickelte Sinne« (32,130) gekennzeichnet sei. Eine »übernatürliche Mitteilung der Kenntnisse« an Adam sei schon deshalb nicht denkbar, weil die »Vollkommenheit des Mittheilenden«, Gottes, zur »Fähigkeit des Empfangenden«, des ersten Menschen Adam, in keinem Verhältnis stehe (32,128).

Die Schwierigkeit der Auslegung dieser durch Moses aufgezeichneten »historischen Stücke der ältesten Zeit« erblickt Herder darin, daß der »philologische und poetische

38 Ibid. 2.

39 Beziehung auf die »rabbinischen Fabeln«: ibid. 56. Vgl. hierzu auch Thomas Burnet, *Archaeologiae Philosophicae: sive doctrina antiqua de rerum originibus. Libri duo*, London 1692, 44. (Der Haupttitel dieses Werkes, *Archaeologiae Philosophicae*, wurde übrigens schon von Burnets Zeitgenossen und bis in die neueste Literatur als ein von »Libri duo« abhängiger Genitiv gelesen. In der Tat handelt es sich jedoch um einen Nominativus pluralis, wie Burnet im einleitenden ersten Kapitel (S. 2) erläutert).

40 Eschenbach, *Epigenes de poesi orphica* (Anm. 32), »Praefatio« (nicht paginiert). Vgl. Thomas Burnet, *Archaeologiae Philosophicae* (Anm. 39), »Praefatio ad lectorem«.

41 Robert Lowth, *De sacra poesi hebraeorum praelectiones academicae Oxonii habitae: subjicitur metricae harianae brevis confutatio: et oratio crewiana. Notas et epimetra adjecit, Ioannes David Michaelis. Pars prior. Editio secunda*, Göttingen 1770, 34 (Anmerkung von Michaelis): »[...] Quod si ergo non primus Moses rem insolitam instituit, carmini saltationem accomodare, sequitur, ut diu ante ipsum poësis fuerit, rustica primum et inculta, deinde sensim adolescens et ornatior. Nec verisimile est, primum poëma Hebraicum perfectum fuisse, licet Mosis tempore, quam auream dixeris linguae Hebraicae aetatem, excellentia carmina divino impetu fusa sint.« Vgl. auch Thomas Burnet, *Archaeologiae philosophicae* (Anm. 39), 31: »Sapientiae Arabicae aeternum monumentum reliquit Jobus, Mose ipso antiquior.«

Ausleger« sowohl die Distanz des Zeitalters Moses' zu den durch ihn in einer »sinnlichen alten Erzählung« schriftlich kodifizierten Ereignissen der ältesten Geschichte als auch die Ferne der mosaischen Dichtung im Verhältnis zu der je eigenen Gegenwart des Interpreten ins Auge zu fassen habe. Wenn der mosaische Bericht nicht auf einer Offenbarung beruht, so stellt sich die Frage nach der Herkunft der umfangreichen, von Moses referierten Kenntnisse. Während Thomas Hobbes, Isaac de la Peyrère und Spinoza die Verfasserschaft Moses' gänzlich bestritten,[42] näherte sich Jean Astruc in seinen *Conjectures sur les memoires originaux*[43] aufgrund der Wiederholungen und Anachronismen der *Genesis* der Argumentation Jean Leclercs und Richard Simons, daß Moses wesentlich ältere schriftliche »memoires« der Hebräer sowie anderer Völker lediglich redigierte.[44] Neben diesen philologisch-kritischen Fragen richtet sich Herders Interesse auf den poetischen Gehalt der Bibel. Die »bildliche, typische Religion, die diesem [sc. hebräischen] Volk eigen ist, enthält den Samen zu den prächtigsten heiligen Gedichten, wenn man nur dies *Prächtige*, dies *Heilige*, dies *Dichterische* nicht nach einem fremden Maasstabe mißt« (32,136 f.). In seinem gelehrten und polyglotten Werk *Aenigmata prisci orbis* von 1723 machte der Helmstedter Orientalist Hermann von der Hardt auf den Umstand aufmerksam, daß die ihm zeitgenössische Philologie bei der Erklärung der »grundschrifften«, der »alten orientalischen documente«, über eine Kommentierung vorhandener Kommentare nicht hinausgekommen sei; »allein diese sam[m]lende arbeit«, so schloß er, »hilfft der alten schrifft eines alten autoris nichts«.[45] Auch von der Hardt betont, daß man die alte hebräische Dichtung und die ihr eigentümliche »dictio Judaeorum« mißverstehe, wenn man sie nach neueren Dichtungen schätzte und ihren Geist an unserer Fassungskraft mäße, denn der »uralte Genius« (*avitus genius*) der orientalischen Völker sei dem »genius in occidente« gänzlich fremd.[46] Die »Sinnbilder« Moses' und der Propheten schilderten Er-

42 Vgl. Jean Astruc, *Conjectures sur les memoires originaux* (Anm. 7), 453-455. Zu Hobbes, La Peyrère und Spinoza vgl. die entsprechenden Kapitel in: Richard H. Popkin, *The History of Scepticism from Erasmus to Spinoza*, Berkeley, Los Angeles, London 1979. – Porphyrios erörterte bekanntlich zuerst die Argumente, die gegen die Verfasserschaft Moses' sprachen und trat für Esdras als den eigentlichen Autor des Pentateuch ein; vgl. zuletzt Jean Pépin, *La tradition de l'allégorie de Philon d'Alexandrie à Dante. Études historiques*, Paris 1987, 59.

43 Herder las dieses – anonym erschienene – Werk spätestens 1769: vgl. Br. I,160 (Brief an Hartknoch vom 4./15. August 1769).

44 Vgl. Jean Astruc, *Conjectures sur les memoires originaux* (Anm. 7), 7: »M. le Clerc, & M. Simon, qui ont senti ces difficultez, ont avoué, l'un & l'autre, qu'il estoit trez apparent que Moyse, en écrivant la Genese, avoit eu le secours de quelques mémoires anciens, qui l'avoient guidé sur les circonstances, les dates & l'ordre chronologique des évenements, qu'il raconte, de mesme que sur le détail des généalogies.« Cf. 308 ff. 316 ff. Zur Frage der Chronologie (Astruc folgt, wie vor ihm Bossuet, den Berechnungen Jacob Ushers) vgl. grundsätzlich Chantal Grell, »Hérodote et la Bible: Tradition chrétienne et histoire ancienne dans la France moderne (XVI-XVIIIe siècles)«, in: Storia della storiografia 7(1985), 60-91.

45 Hermann von der Hardt, *Aenigmata prisci orbis. Jonas in luce in historia Manassis et Josiae, ex eleganti veterum Hebraeorum stilo solutum aenigma. [...]*, Helmstedt 1723, 721. Vgl. *Meine Bücher* 2°: 13 und BH 90.2963.

46 Ibid. 267.

eignisse und Handlungen »verblümt, nachdencklich, und sin[n]lich, schön, angenehm, eigentlich und lebendig«[47] und ihre Diktion sei mehr »malend« (*effigiens*) als »redend« (*eloquens*).[48] Im Rahmen der bei von der Hardt wirksamen rhetorischen Affektenlehre stellen die alten heidnischen und hebräischen Dichter nach der »sinnligen artigen gewohnheit« der alten Welt[49] merkwürdige Taten durch Sinnbilder dar, die ihrerseits unter dem Schleier äußerlicher Geschichte die Gedanken, Affekte und Gemütsbewegungen der Handelnden »ganz eigentlich wie im Leben« vor Augen stellen.[50] Auch die Zeugnisse dieser ältesten Zeit sind wahre Geschichten, wenn man ihren erhabenen Stil (*genus sublime*) nach der Gewohnheit des Orients (*mos seculi*) messe: »historiae et illae, sed in umbra.«[51] Sie offenbaren die »veritas in aenigmatibus ex historia«.[52] Diese Deutung rückt auch das so genannte »tempus μυθικόν«, das fabelhafte oder, nach Herders Ausdruck, das »Zeitalter der *Dichtkunst*« (32,136), in den Bereich der Geschichte. Das vorsintflutliche »sinnliche Zeitalter« ist anhand der Schilderung Moses' rekonstruierbar, denn sie brachte, so Herder im *Versuch*, den »Kern der Geschichte« als »ein Bild nach der Wahrheit« (32,137) zur Anschauung. Die Schwierigkeit bei der Untersuchung der biblischen, aber auch der ›heidnischen‹ Dichtungen liegt demnach vor allem in der Frage nach der geeigneten Methode, diesen Wahrheitsgrund zu dechiffrieren. Conyers Middleton, Bibliothekar in Cambridge, folgt bei der Ausarbeitung eines entsprechenden Verfahrens in erheblichem Umfang der allegorischen Auslegungspraxis Philons und der alexandrinischen Patristik. Die mosaischen Allegorien seien keine bloßen Erdichtungen (*fabulous tales*), so führt er in seinem *Essay on the Allegorical and Literal Interpretation of the Creation and Fall of Man* aus, sondern vielmehr »figurative descriptions, leading us to the allegorical and recondite senses«.[53] Die Aufwertung der allegorischen Bibelexegese auch im protestantischen Umfeld bereitet hier zusammen mit der vergleichenden Kritik der Quellen und einer historisch-anthropologischen Durchdringung der Entstehungsbedingungen der ältesten Literaturzeugnisse einem methodisch neuartigen Verständnis der biblischen Texte den Weg. Die figurative Struktur der Schöpfung der Welt und des Menschen in den Zeugnissen der ältesten Theologien der Völker, so Thomas Blackwell, deutet daher auf eine zu entschlüsselnde »Naturgeschichte der Schöpfung«[54], die sich hier in die traditionsgeschichtliche Perspektive einer *theologia naturalis* einfügt.

---

47 Ibid. »Praefatio«, S. 37. Die Attribute sind hier auf die von Hardt vor allem betrachteten »aenigmata sacra«, die »sinbilder Jonae«, bezogen.

48 Ibid. 267.

49 Ibid. 724.

50 Ibid. 789.

51 Ibid. 3.

52 Ibid. »Praefatio«, S. 37.

53 Conyers Middleton, »Essay on the Allegorical and Literal Interpretation of the Creation and Fall of Man«, in: idem, *The Miscellaneous Works*, 5 Bde, Bd. 2, London ^{2}1755, 437-456, hier: 447.

54 Thomas Blackwell, *Lettres sur la mythologie*, (Anm. 104), 115.

III. *Polygenetischer oder monogenetischer Ursprung des Wissens*

Im Horizont der Kulturentstehungslehren Epikurs[55] und Vitruvs[56] führt Herder die Entstehung erster Erfindungen auf die zufällige Gelegenheit und den notwendigen Zwang innerhalb des natürlichen Lebensraumes des Menschen zurück. David Hume, dessen *Essays: Moral and Political* (1741/42) Herder in den 1760er Jahren mit großem Interesse studiert hatte,[57] wies in seinem Essay *Of the Rise and Progress of the Arts and Sciences* nachdrücklich auf die Funktion des Zufalls in seinem Verhältnis zu dem je einzelnen Ingenium des Menschen für die Geschichte der schönen Künste hin.[58] Das paradoxe Verhältnis einer aus der Notwendigkeit hervorgegangenen, in ihrer kulturell vermittelten Gestalt aber freien Erfindung der Künste, Wissenschaften und geselligen Einrichtungen von der Familie bis zu größeren ›nationalen‹ Einheiten findet in der Geschichte einer Kultur des menschlichen Verstandes[59] ihre für die Interpretation derselben konstitutive Entsprechung. Die »Prisca Dogmata« des Orpheus, häufig nur durch Sekundärquellen, durch nahezu verloschene »priscae Orphicorum Carminum Memoriae« vermittelt, sind nach Eschenbach daher zugleich Zeugnisse der gleichsam im Entstehen begriffenen menschlichen Weisheit (*nascentis, veluti, Sapientiae Humanae*).[60] Die anthropologische Reduktion des Begriffes der *Weisheit* verdient hierbei besondere Aufmerksamkeit, denn sie ist auch für Herders ambivalente Beurteilung der *prisca sapientia* charakteristisch.

Obgleich Herder im *Versuch* den Ursprung der Menschen von *einem* Geschlecht annimmt, so wendet er sich dennoch auf dieser Stufe der Ausarbeitung seiner Geschichte des menschlichen Wissens entschieden und ganz im Sinne der Überlegung Eschenbachs gegen die Hypothese einer Entstehung sämtlicher Erfindungen bei einem einzigen Volk. Noch in dem 1764 publizierten Aufsatz *Ueber den Fleiß in mehreren gelehrten Sprachen* entwickelte Herder die später wieder aufgenommene These, daß das Wissen den späteren Völkern von den »Urvätern« mitgeteilt worden sei: »So sproßten die Samen, die im Morgenlande keimten, unter den Egyptern: Griechenlands Sonne entfaltete völlig ihre Knospen: und Rom reifte die Griechische Blüthe zur

---

55 Epikur, bei Diog. Laert. X,75: Dialektik von ἀναγκασθῆναι und προσεξευρίσκειν.

56 Vitruvius, *De arch.* II,1.

57 Vgl. Herders Briefe vom März 1767 (Br. I,76) und 22. November 1768 (Br. I,115); Herders Beschäftigung mit Hume reicht bekanntlich bis in seine Königsberger Studienzeit zurück. – S. a. Günter Gawlick, Lothar Kreimendahl, *Hume in der deutschen Aufklärung. Umrisse einer Rezeptionsgeschichte*, (Forschungen und Materialien zur deutschen Aufklärung. Bd. 17.), Heidelberg 1990, 178.

58 Vgl. David Hume, *Essays Moral, Political, and Literary* (hg. Eugene F. Miller), Indianapolis [2]1987, 111-137, hier: 113-114.

59 Vgl. hierzu neben der Untersuchung von Jean Dagen, *L'histoire de l'esprit humain dans la pensée française de Fontenelle à Condorcet*, Paris 1977, v.a. die Studie von Wolfgang Proß, »Herder und die Anthropologie der Aufklärung«, in: J.G. Herder, *Werke* (hg. W. Proß), Bd II, Darmstadt 1987, 1128-1229.

60 Eschenbach, *Epigenes de poesi orphica* (Anm. 32), »Dedicatio« und Titel. Zur Rezeption der ›orphischen‹ Dichtung und Theologie vgl. D.P. Walker, »Orpheus the Theologian and Renaissance Platonists«, in: Journal of the Warburg and Courtauld Institutes 16(1953), 100-120.

Frucht.« (1,4) Aber Gott, so Eschenbachs Erläuterung, habe allen Menschen in demselben Maße die *humana ratio* zugeteilt und – darauf gründet sich vor allem seine Argumentation – die barbarischen Völker und die Griechen fanden einst dieselben natürlichen Lebensbedingungen vor, die ihnen gleichermaßen zur Erfindung der Künste Anlaß gaben.[61] Eschenbachs klimatheoretisches Argument leitete ihn folgerichtig auf eine *polygenetische* Begründung der Kunsterfindung, die eine *translatio artium*,[62] eine Herleitung und Übertragung der Künste und Wissenschaften von einem Volk auf ein anderes, grundsätzlich ausschloß. Die ersten »Samen der Weisheit«, die »sapientiae Semina, & Grana omnia« seien in Beziehung auf die orphische Dichtung bei den Griechen selbst aufzusuchen, nicht aber aus Ägypten, Phönizien oder Indien abzuleiten. Homer habe aus Ägypten lediglich »quaedam Sapientiae Augmenta« nach Griechenland gebracht, die aber die heimischen Wissenschaften (*scientiae indigenae*), die aus dem autochthonen *ingenium* der Griechen hervorgegangen seien, im Kern nicht verändern konnten.[63]

Herders Einschätzung dieses Problems unterliegt in der zweiten Hälfte der 1760er Jahre einer Wandlung, die für seine Rekonstruktion der Kulturgeschichte des menschlichen Verstandes anhand der seit 1768 ins Zentrum seiner Arbeit getretenen *Genesis*-Exegese von entscheidender Bedeutung geworden ist. Noch im *Versuch* schloß er sich der Argumentation Eschenbachs an und stellte in einer fast wörtlichen Anspielung die heuristische Absicht der These autochthoner Kulturbildungen heraus: »Man hat so viel Lehrgebäude von der Wanderung der Künste und Wissenschaften, daß man weiter kommt, wenn man keines annimmt und in jedem Volk selbst den Samen sucht, der die Künste und Wissenschaften hat hervorbringen können.« (32,94 f.) Die bei allen Völkern identischen oder doch ähnlichen psychologischen und klimatischen Voraussetzungen haben einen analogen Verlauf ihrer Kunsterfindungen zur Folge. In dieser Hinsicht ist die »heilige Poesie, so fern sie Poesie ist, *menschlich* und analogisch mit andern Völkern zu betrachten« (32,96). Allein in einer in die Rigaer Zeit zu datierenden Disposition, die er *Abriß der Völkerhistorie* überschrieb, stellte Herder die »Jüdische Nationalgeschichte in Stammvätern« der Abfolge der »Völkergeschichte« programmatisch voraus: diese selbst gliedert sich in eine zumindest implizit symmetrisch angelegte Folge, die auf den hieroglyphischen Verlauf der Kulturgeschichte in der Schrift *Auch eine Philosophie der Geschichte zur Bildung der Menschheit* vorausdeu-

---

61 Eschenbach, *Epigenes de poesi orphica* (Anm. 32), »Praefatio«: »[...] quos [sc. Graecos et Barbaros] tamen idem Coelum texerat; quibus idem Sol oriebatur; quos eadem Terra aluerat; idem Mare circumdederat. Ut adeo nec Natura & Ingenium deesse Graecis potuerit, nec occasio, eadem inveniendi, aut saltem de iis cogitandi; ad quae deinceps, Posteri eorum vel sponte ascendere, vel aliae Gentes, quaecunque etiam, sese elevare, propria & insita Omnibus Mentibus Vi, & evehere potuerint.«

62 Vgl. Franz Josef Worstbrock, »Translatio artium. Über die Herkunft und Entwicklung einer kulturhistorischen Theorie«, in: Archiv für Kulturgeschichte 47(1965), 1-22; Marie Thérèse d'Alverny, »Quelques aspects du symbolisme de la »sapientia« chez les humanistes«, in: Enrico Castelli (Hg.), *Umanesimo e esoterismo. Atti del V convegno internazionale di studi umanistici*, Padua 1960, 321-333, hier: 326 f.

63 Eschenbach, *Epigenes de poesi orphica* (Anm. 32), »Praefatio«.

tet.[64] Sie reicht von den Assyrern/Ägyptern und Persern über die Griechen und Römer bis in die »Mit[t]lere Geschichte« und bricht mit dem Hinweis auf »Spanien«, womit vielleicht auf das Zeitalter der arabischen Vorherrschaft auf der iberischen Halbinsel gedeutet ist, ab.[65] Herder hatte im *Versuch* im Hinblick auf die »Wanderungen« der Völker vor allem den Verlust der »Kenntnisse ihrer Väter« herausgestellt (32,95). Diese Einsicht führte ihn zu einer bloß *analogischen* Untersuchung der ersten Zeugnisse der Dichtung bei verschiedenen Völkern; die *genetische* Entwicklung der Poesie, deren Problematik er damals hervorhob (vgl. 32,87), blieb auf die je einzelnen Völker beschränkt, die aufgrund der Annahme Eschenbachs und in Hinsicht auf die analoge Entwicklung des menschlichen Verstandes untereinander nicht in Verbindung zu treten brauchten. Auch in dem Rigaer *Abriß der Völkerhistorie* tritt dieser damals auf die Poesie allein bezogene genetische Aspekt zunächst nur innerhalb der einzelnen Völker selbst mit den Stufen des »Wachstums«, der »goldnen Zeit«, des »Ablebens« und der »Nachblüte« deutlich hervor. Allein schon die äußere Anlage der Disposition implizierte auch eine *monogenetische* Entwicklung der Völkergeschichte im ganzen, die dann in dem wechselseitig sich erläuternden Verhältnis der analogischen Zuordnung *und* der genetischen Abfolge in der Geschichtsphilosophie von 1774 gipfeln wird. Die These eines exoterischen Ursprungs der griechischen Religion,[66] wie sie das *Reise-Journal* 1769 exponiert, rückt nun die Untersuchung der kulturellen Übernahmen innerhalb der Völkergeschichte in den Blick. Die Frage nach den Motiven, die Herder zur Verknüpfung der hier unterschiedenen Aspekte der analogischen Zuordnung und der genetischen Abfolge der Kulturgeschichte des menschlichen Verstandes veranlaßten, eröffnet vor allem zwei Problemfelder, mit denen er sich in der zweiten Hälfte der 1760er Jahre auseinanderzusetzen hatte: sie betrifft zum einen seine produktive Polemik gegen Winckelmanns *Geschichte der Kunst des Altertums* (1764) sowie die Problematik einer Ordnung des Wissens im Denkhorizont der *Encyclopédie* Diderots und d'Alemberts; und sie betrifft zum anderen die Entdeckung der hieroglyphischen Struktur des menschlichen Denkens und der Geschichte seiner kulturellen Produktivität, einer Struktur, die er in der *Aeltesten Urkunde* zum »Grundschema« für die Interpretation der Geschichte der Menschheit machte. Beide Aspekte berühren methodische Fragen seines Geschichtsdenkens, deren Problematisierung die Gestalt der beiden Hauptschriften des Jahres 1774, seines dritten Bückeburger Jahres, wesentlich bestimmt haben.

---

64 Zur Stellung des »Patriarchenalters« und zu grundsätzlichen Fragen des Herderschen Geschichtsdenkens vgl. die umfassende Darstellung von Max Rouché, *La philosophie de l'histoire de Herder*, Paris 1940, 41-44.

65 Herder, *Abriß der Völkerhistorie*, in: Nachlaß Herder, Kapsel XXV 143^r. Vgl. *Der handschriftliche Nachlaß Johann Gottfried Herders. Katalog im Auftrag und mit Unterstützung der Akademie der Wissenschaften in Göttingen bearbeitet von Hans Dietrich Irmscher und Emil Adler*, Wiesbaden 1979, 201.

66 Johann Gottfried Herder, *Journal meiner Reise im Jahr 1769*, Historisch-Kritische Ausgabe, hg. Katharina Mommsen, Stuttgart 1976, 22.

IV. »*Erfahrung und Urteil*«

In einem Brief vom August 1772 schrieb Herder an seinen Freund Heyne in Göttingen: »Heil Ihnen zu Etrurien! [...] Das Land scheint ein *Knote* in der alten Litteratur zu seyn, Brücke vielleicht zwischen Aegyptern, Griechen und Celten – die ins Meer gefallen ist: ich bin begierig zu sehen und zu hören, was Sie hervorgefunden.«[67] Gegenüber dem analogischen Verfahren, das Herder im *Versuch* bei dem Vergleich der kulturellen Produktionen verschiedener Völker angewendet hatte, deutet diese Äußerung auf eine Modifikation seines methodischen Ansatzes hin; sein vordringliches Interesse gilt nun den genetischen Verflechtungen der Völkergeschichte, denn die Begrenztheit einer ausschließlichen Anwendung des analogischen Ansatzes war ihm an Winckelmanns *Geschichte der Kunst des Altertums* zum Bewußtsein gekommen. Winckelmanns Werk, »einem der künstlichsten Geschichtgebäude, das je in der Welt erschienen«, bot ihm nicht jenen »zusammenhangenden stra[h]lenden Gang, den die Kunst über Völker und Zeiten genommen«,[68] und den er selbst in dem umfassenden Plan einer »Geschichte der Wißenschaft« darzustellen beabsichtigte. In einer Disposition, in der er methodische und inhaltliche Fragen dieses Plans erörterte, hob Herder hervor, daß diese Geschichte nicht alle Wissenschaften einzeln zu verfolgen brauche; sie müsse vielmehr die »Wißenschaft überhaupt« in ihrem »Ursprung und Fortgang durch die Welt« zeigen, damit die »Kette unter den Völkern« deutlich zur Erscheinung komme.[69] Da diese genetische Verknüpfung bei Winckelmann fehle, falle sein Buch »in so viele Theile, als es Völker beschreibt«.[70]

Herder widmete sich bei seinem Aufenthalt in Frankreich einem intensiven Studium der *Encyclopédie* und wies insbesondere auf seine Lektüre des von d'Alembert verfaßten *Discours préliminaire* hin.[71] Die Schwierigkeit der Darstellung des enzyklopädischen Wissens beruht nach d'Alembert vor allem auf der Inkongruenz zwischen dem »ordre encyclopédique de nos connaissances«, der einen philosophischen Betrachter voraussetze, der dieses mächtige Labyrinth des Wissens gleichsam von oben herab überblicke, und dem »ordre généalogique des idées«, der die Gesamtheit des Wissens erst nach und nach von den einzelnen Phänomenen zu allgemeinen Begriffen hin sowie im Verhältnis zur Genealogie der Gedankenerfindung hervorbringe.[72] Obgleich der Mensch, so Diderot, das »allgemeine Zentrum« (*centre commun*) dieses

67 Br. IX,152-153.

68 Zitiert nach der Edition von Hans Dietrich Irmscher, »Probleme der Herder-Forschung«, in: DVjs 37(1963), 266-317, hier: 292.

69 Ibid. 278.

70 Ibid. 292.

71 Cf. Br. I,163.165.170.

72 Jean Lerond d'Alembert, *Einleitung zur Enzyklopädie. Discours Préliminaire de l'Encyclopédie (1751)*, hg. Erich Köhler, Hamburg 1955, 84.

Wissens sei,[73] so bleibe er doch stets in einen konkreten, nach Zeit und Raum determinierten Lebenszusammenhang einverwoben, der ihm niemals die Perspektive des erhobenen philosophischen Betrachters einzunehmen erlaubt. Die Gesamtheit des menschlichen Wissens wäre demnach nur für die Lebensgeschichte eines einzelnen Menschen oder Volkes, nicht aber für die Kulturgeschichte des menschlichen Verstandes im ganzen beschreibbar. Herder, dem diese Problematik bereits seit seiner Auseinandersetzung mit Winckelmann vertraut war, faßte diese Differenz in den »Unterschied zwischen Geschichte und Urtheil«.[74] Seine Überlegung mündet in die Frage, wie die Gesamtheit des menschlichen Wissens in all ihren nationalen »Idiotismen«, »Ableitungen« und »Wanderungen« in den Rahmen einer »philosophischen Geschichte« gefügt werden könne, da doch die den Handlungen und Begebenheiten zugrundeliegenden Ursachen als solche dem Betrachter verborgen bleiben. Diese Schwierigkeit war nur durch die »Entdeckung«[75] eines *strukturellen Kriteriums* zu heben, das zugleich mit dem Inhalt des menschlichen Wissens *formaliter* zusammenfiel. Noch Montesquieu fand das Maß für die kulturelle Differenzierung in der *a priori* gültigen ›Natur des Menschen‹, wie sie die Naturrechtslehren von Grotius, Pufendorf und Barbeyrac der Diversität des positiven Rechts entgegengesetzt hatten.[76] Herder, der in einem Brief vom 4. November 1769 auf die Lektüre der Montesquieuschen Schriften in Nantes hinwies,[77] kannte zu diesem Zeitpunkt Bonnets harsche Kritik des *Esprit des Loix*, die dieser am Ende seines *Essai analytique sur les facultés de l'ame* (1760) an der Annahme eines »Droit Naturel abstrait« übte.[78] Montesquieus Naturrecht, so Bonnet, könne niemals die Verschiedenheit der Sitten und Handlungen der Völker erklären, da es sich vielmehr erst aus dieser Verschiedenheit, aus den Beziehungen (*rapports*) handelnder Menschen zueinander ergebe. Herder, der fünf Jahre später explizit auf diese Diskussion bezug nahm (vgl. SWS 5,482), glaubte dement-

---

73 Denis Diderot, *Oeuvres complètes*, Bd. VII, Paris 1976, 212 (Art. »Encyclopédie«). Herders Verhältnis zu Frankreich und zur französischen *Encyclopédie* untersucht Pierre Pénisson, »Les rapports culturels de l'Allemagne à la France encyclopédiste chez Herder«, in: Michel Espagne, Michael Werner (Hg.), *Transferts. Les relations interculturelles dans l'espace franco-allemand (XVIIIe et XIXe siècle)*, Paris 1988, 383-392. Zur Genese des Methodenproblems im Rahmen des enzyklopädischen Wissens vgl. Ralph Häfner, »*Circularis ratio.* Zur Methode in Jean Bodins *Universae Naturae Theatrum* (1596)«, in: il cannocchiale 1993, n. 1, 39-58.

74 Zitiert nach Hans Dietrich Irmscher, »Probleme der Herder-Forschung«, (Anm. 68), 291.

75 Vgl. Herders Brief aus Straßburg an Johann Heinrich Merck vom 15. Oktober 1770, in dem er zuerst seine Gedanken über die sinnliche Struktur der »Hieroglyphe« öffentlich darlegte (Br. I,260-262).

76 Vgl. hierzu die gründliche Untersuchung von C.P. Courtney, »Montesquieu and the problem of ›la diversité‹«, in: G. Barber, C.P. Courtney (Hg.), *Enlightenment essays in memory of Robert Shackleton*, Oxford 1988, 61-81.

77 Vgl. Br. I,173. Herder fertigte sich in Nantes ein 10 Blätter umfassendes Exzerpt unter der Überschrift »Auszug aus Montesquieu Geist der Gesetze« an (Nachlaß Herder, Kapsel XXV 151): vgl. *Der handschriftliche Nachlaß* (Anm. 65), 202.

78 Vgl. hierzu meine Studie »›L'âme est une neurologie en miniature‹. Herder und die Neurophysiologie Charles Bonnets«, in: Hans-Jürgen Schings (Hg.), *Der ganze Mensch. Anthropologie und Literatur im 18. Jahrhundert.* DFG-Symposion 1992, (Germanistische Symposien, Berichtsbände. 15.), Stuttgart 1994, 390-409).

sprechend dieses Kriterium in der »Schöpfungshieroglyphe« gefunden zu haben, die er aus den Zeugnissen des Altertums selbst ableitete; sie wies ihm zunächst in den beiden Schriften des Jahres 1774 den Weg, die Differenz zwischen der enzyklopädischen und der genealogischen Ordnung des Wissens, mithin den psychologisch begründeten Widerspruch zwischen Geschichte und Urteil aufzuheben. Sie regelt in jeweils unterschiedlicher Intensität die Anlage der *Aeltesten Urkunde* und der Geschichtsphilosophie, die er bereits in der Disposition *Zur Geschichte der Wißenschaften* als »Episodenordnung«[79] bezeichnet hatte.

Herders *methodischer* Ansatz ist uneinheitlich. Im *Versuch einer Geschichte der lyrischen Dichtkunst* nannte er die »Erfindungskunst« einen nützlichen und schweren, weithin aber noch unbearbeiteten »Theil der Weltweisheit« (32,104 f.). Der Status dieser »Erfindungskunst« als ein wesentliches Lehrstück der Herderschen Anthropologie erschließt sich leicht über den beiden Wissenschaften gemeinsamen Begriff einer »natürlichen Logik«, den Georg Friedrich Meier aus der Thomasius-Rüdiger-Schule in seine *Vernunftlehre* übernahm und mit dem Herder den Gedanken einer den menschlichen Lebensaltern entsprechenden stetigen Entfaltung der Tätigkeit des Geistes verband. Die psychologisch motivierte Aufwertung der »inventio« in ihrem Verhältnis zur Urteilslehre in der Dialektik des Pierre de la Ramée war über die Diskussion der epikuräischen Kriterien der Wahrheit in der Gestalt, die ihr Gassendi gegeben hatte, bereits Gegenstand der Kantschen Vorlesungen über Logik und über Moralphilosophie zu Beginn der 1760er Jahre.[80] In Herders Reflexion über die Differenz und die Komplementarität von »Erfahrung und Urteil« scheint diese bis zur ramistischen Dialektik zurückzuverfolgende Thematik von neuem auf. Die »Erfindungskunst« regelt die nach »Zeit« und »Raum« unterschiedene, in ihrer anthropologischen Begründung aber allezeit identische menschliche Erfahrung. In seinem Brief an Moses Mendelssohn vom 1. Dezember 1769 gab Herder diesem Verhältnis einen kosmologischen Akzent, indem er, wie in der Skizze *Zum Sinn des Gefühls*, die Identität des »Grundstoffs der Kräfte« zur Variabilität des Raumes und der Zeit in Beziehung setzte: »Das sind die Bande des Universum und die Kette unserer Zustände.«[81]

V. »*Originalität*« *und* »*Nachahmung*«: *Die hieroglyphische Deutung der Kabbala*

Herders »Erfindungskunst« schuf offensichtlich die erkenntnistheoretische Begründung für die Ausarbeitung der anthropologischen Hieroglyphe, deren Gestalt entscheidend auf die »Episodenordnung« der Geschichte des menschlichen Wissens ge-

---

79 Zitiert nach Hans Dietrich Irmscher, »Probleme der Herder-Forschung«, (Anm. 68), 278.

80 Vgl. Immanuel Kant, *Gesammelte Schriften*, Akademie-Ausgabe, Bd. XXVII, Berlin 1974, 12.

81 Br. I,177-181, hier: 180. S.a. J.G. Herder, *Journal meiner Reise im Jahr 1769* (Anm. 66), 10. Vgl. auch Wolfgang Proß, in: HWP I,810.

wirkt hat. Die siebenteilige Anlage der Hieroglyphe ist im Blick auf ihre möglichen Quellen verschieden gedeutet worden.[82] Neben einer Umdeutung der zehn Sephiroth der Kabbala,[83] wie sie Buddeus mit Beziehung auf Giovanni Pico della Mirandola und Johannes Reuchlins *De arte cabalistica* (1517) ausführlich erläutert hatte, denke man vor allem an Geronimo Cardanos Metoposkopie, die Herder in der modifizierten Fassung durch Johann Sigismund Elsholtz' *Anthropometria* (²1663) kennengelernt hatte.[84] Die der menschlichen Gestalt eingeschriebenen Planetensymbole, wie man sie auf ikonographischen Zeugnissen des Mittelalters findet, erscheinen hier auf der Stirn eines menschlichen Antlitzes. Herder hatte sich damals mit den für die Geschichte des Menschen produktiven Aspekten dieses kosmologischen Zuges der menschlichen Gestalt beschäftigt, und er mußte die heuristischen Möglichkeiten, die er in dem Schema der sieben Planeten erkannte, im Gespräch mit Goethe im einzelnen erörtert haben; Goethe schrieb im Oktober 1771 von Frankfurt aus an Herder: »Aber das – fühlen sie's ganz – dass ich lieber Merckur seyn wollte der letzte, der kleinste vielmehr unter siebnen, der sich mit Ihnen um Eine Sonne drehte; als der Erste unter fünfen die um den Saturn ziehn.«[85] Die Fruchtbarkeit des an dem privaten Verhältnis entfalteten Gedankenspiels ist in Herders erkenntniskritischem Verfahren allenthalben nachzuprüfen. Zwar spricht er auch in der *Aeltesten Urkunde* noch von dem »Aberwitz« der Kabbala, aber er findet nun eine »Erklärung« der zehn Sephiroth in dem auch dieser Figur zugrundeliegenden »Typus der Schöpfung« (6,484 f.). Die »tres divinae hypostases«, die Buddeus von den übrigen Sephiroth getrennt und als »principium & causa admirabilis huius &

---

82 Vgl. Hugh Barr Nisbet, »Die naturphilosophische Bedeutung von Herders ›Aeltester Urkunde des Menschengeschlechts‹«, in: *Bückeburger Gespräche über Johann Gottfried Herder 1988. Älteste Urkunde des Menschengeschlechts*, hg. Brigitte Poschmann, (Schaumburger Studien. Bd. 49), Rinteln 1989, 210-226; Regine Otto, »›Was bleibet aber‹ – stiften es die Editoren? Herders Vorarbeiten zur ›Aeltesten Urkunde des Menschengeschlechts‹ in handschriftlicher Überlieferung«, ibid. 29-49, hier: 40-42. Mit Blick auf Herders Gesamtwerk vgl. Ulrich Gaier, »Herders ›Aelteste Urkunde des Menschengeschlechts‹ und Goethe«, ibid. 133-150. Vgl. auch A. Gillies, »The Macrocosmos-Sign in Goethe's ›Faust‹ and Herder's Mystic Hexagon«, in: The Modern Language Review 36(1941), 397-399. Eine Interpretation im Rückgriff auf Hamann und bestimmte Aspekte der Bibeltypologie versucht Wilfried Malsch, »Zur möglichen Bedeutung von Hamanns Bibeltypologie für die Geschichtssicht Herders und der Goethezeit«, in: Bernhard Gajek (Hg.), *Johann Georg Hamann. Acta des Internationalen Hamann-Colloquiums in Lüneburg 1976*, Frankfurt/M. 1979, 93-116; idem, »Hinfällig geoffenbartes Urbild. Griechenland in Herders typologischer Geschichtsphilosophie«, in: Jahrbuch der deutschen Schillergesellschaft 30(1986), 161ff.

83 Vgl. hierzu Gershom Scholem, *Die jüdische Mystik in ihren Hauptströmungen*, Frankfurt/M. 1980, 232-235.

84 Vgl. hierzu Ralph Häfner, *Johann Gottfried Herders Kulturentstehungslehre. Studien zu den Quellen und zur Methode seines Geschichtsdenkens*, (Studien zum 18. Jahrhundert. Bd. 19.), Hamburg 1994.

85 *Der junge Goethe. Neu bearbeitete Ausgabe in fünf Bänden*, hg. Hanna Fischer-Lamberg, Band II, Berlin 1963, S. 69. (Noch die Gestalt der Makarie in *Wilhelm Meisters Wanderjahre* ist diesem von Herder entfalteten Gedankenkreis zuzuordnen.)

sapientissimae oeconomiae« ausgelegt hatte,[86] bezeichnet Herder als »Vordersatz der Figur«, als »Chaldäische Metaphysik«, der die sieben Eigenschaften oder Attribute Gottes als »sichtbare Ausflüsse der Welt« zugeordnet sind. In diesem »simpelsten Grundschema [...], es möge in Kleidern erscheinen, wie es wolle«, erkennt er den »Grundriß der Welten nach Mosaisch-Chaldäischer Art« (6,486), in dem sich das »heilige Menschenbild und Menschenantlitz« spiegele. Dieser weist auf eine »älteste Tradition, und Urweisheit der Welt«, die noch vor Moses zurück auf den »ältesten Philosophischen *Pantheismus*« reiche. Buddeus, der die am Menschen als Grade des Glücks und Unglücks vielfach dokumentierte Zahl Sieben zur Grundlage seiner

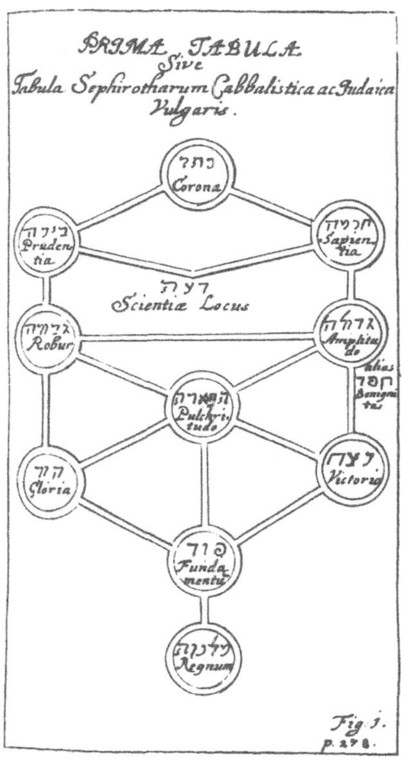

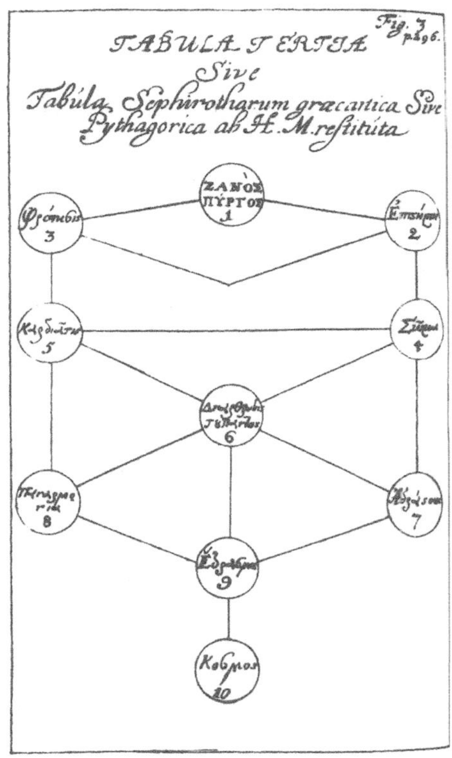

86 Buddeus, *Introductio ad historiam philosophiae Ebraeorum* (Anm. 11), 277-278. Vgl. die »Prima Tabula Sive Tabula Sephirotharum Cabbalistica ac Judaica Vulgari.« (Abbildung oben).

Auslegung der zehn Sephiroth machte,[87] warnte vor der Gefahr, den Gedanken der Emanation mit dem Spinozismus zu verwechseln; mit einem Hinweis auf Henry More und Johann Georg Wachters *Spinozismus im Jüdenthumb* (1699) wollte er in der »prisca huius gentis philosophia« keinen Ansatz für einen Pantheismus finden.[88] Demgegenüber hob er mit Reuchlin ausdrücklich eine graecisierte Überformung der Sephiroth in der Lehre des Pythagoras hervor[89] und gab damit ein Beispiel für die von Herder verfolgten differenzierenden »Ableitungen« der strukturell identischen »Menschensymbole«. Diese liegt nach Herder in der mosaischen »Urkunde« bereits vollständig vor, und die Diversifizierungen des Wissens späterer Zeitalter sind bloß Umwandlungen und Ableitungen dieser sinnlichen Grundgestalt. In einer aller Wahrscheinlichkeit nach in Nantes, zur Zeit seiner »Entdeckung« niedergeschriebenen Skizze, in der er ausführte, daß das aus dem Sechstagewerk der *Genesis* gewonnene siebenteilige Schema auf den Verlauf der Völkergeschichte angewandt werden könne, charakterisierte Herder das Verhältnis des mosaischen »Originals« zu den später nationalisierten »Ableitungen« auf die folgende Weise:

> Ich bleibe bei den Umwandlungen dieser Philosophie bei spätern benachbarten Völkern, und da dünkts mich kein Traum, was ich für *Aehnlichkeit zwischen diesen Ideen als Original und zwischen den Geheimnißen* der alten Chaldäer, Perser, Aegypter und Griechen *als Ableitungen* finde. Und zwar je urälter und näher dem Moses, umso mehr Aehnlichkeit; je entfernter und befremdeter, um so mehr in andre Nationen nationalisirt, und endlich fast ganz Gräcismus. (6,128)[90]

Die Bildung eines zeichenhaften Erkenntnismodus, der den stets wechselnden Gehalt der Wissenschaften und Künste der Völker prägt, ist also die notwendige Folge der durchs Urteil immer schon geregelten Erfahrung. Der niederländische Philologe Jacob Perizonius versuchte in seiner *Aegyptiarum Originum et temporum antiquissimorum investigatio* (1711) die θεολογούμενα Moses' und der ältesten griechischen *sapientes* allegorisch[91] zu deuten, ohne ihren literalen Sinn zu destruieren.[92] Die all-

---

87 Buddeus, *Introductio ad historiam philosophiae Ebraeorum* (Anm. 11), 296-297. Zur Deutung der Zahl Sieben in dem von Herder ausgiebig benutzten *Pantheon Aegyptiorum* (1750-1752) von Paul Ernst Jablonski vgl. Ulrich Faust, *Mythologien des Ostens bei Johann Gottfried Herder*, (Aevum christianum. Bd. 12), Münster 1977, 74-81 et *passim*.

88 Ibid. 324.328. Zum Problem des Pantheismus vgl. Gershom Scholem, *Die jüdische Mystik in ihren Hauptströmungen* (Anm. 83), 236 et *passim*. Zur Spinoza-Rezeption in Deutschland vgl. Winfried Schröder, *Spinoza in der deutschen Frühaufklärung*, (Epistemata. Würzburger Wissenschaftliche Schriften, Reihe Philosophie, Bd. XXXIV), Würzburg 1987.

89 Ibid. »Tabula Tertia Sive Tabula Sephirotharum graecanica Sive Pytharorica ab H.M. restituta«. Vgl. hierzu Abbildung gegenüber.

90 (Hervorhebung R.H.).

91 Der Begriff der Allegorie ist bei Perizonius, wie bei seinen Zeitgenossen, zumeist unpräzise und dient als Sammelbegriff für Tropen, Metaphern, *symbola*, *aenigmata*, aber auch für typologische Deutungen der Bibel.

92 Jacob Perizonius, *Aegyptiarum Originum et temporum antiquissimorum investigatio, in qua Marshami Chronologia funditus evertitur, tum illae Usseri, Capelli, Pezronii, Aliorumque, examinantur et confutantur*, 2 Bde, Leiden 1711, II,141-142. Vgl. BH 2831.

egorische Auslegung der alten Geschichten dürfe der Chronologie niemals widerstreiten; ihr Sinn bestehe vielmehr darin, die stetige und wahrscheinliche Kette der wegen ihres Alters dunklen, oft sagenhaften Begebenheiten aufzufinden.[93] Nachdem Herder die Frage nach den Ableitungen und Übernahmen innerhalb der Völkergeschichte ins Zentrum seiner Untersuchung gestellt hatte, verknüpfte er aufs engste diesen chronologischen Aspekt mit der Selbstauslegung des Menschen in seinen kulturellen Produktionen. Aber im Unterschied zu Perizonius, Middleton und anderen beschreibt die Allegorese der alten Zeugnisse für Herder keine textkritische Methode, die der Forscher an dieselben heranträgt, um die Geschichte des Altertums zu rekonstruieren, sie bezeichnet vielmehr das Verfahren des menschlichen Geistes selbst, der sich in seinen kulturellen Produkten allegorisiert und in den durch Lebenszeit und -raum bedingten, dem geschichtlichen Wandel unterworfenen Formen auslegt. In den in Nantes niedergeschriebenen Aufzeichnungen legte er dar:

> Die Kosmurgie, die Weißheitslehre leuchtet aus den Geheimnißen der Chaldäer, der Aegypter und Griechen als Hauptnachricht hervor: der Eingeweihte ward überall εποπτης, der die Dinge der Welt ohne Verhüllung, ohne Decke sah, der von ihrem Ursprung ohne Fabel Nachricht bekam. So Magisch und Astrologisch nun dieser Unterricht über die Natur der Schöpfungswerke bei den Chaldäern; so Mythologisch und Symbolisch bei den Aegyptern; so Dichterisch endlich und Griechisch bei den Griechen wurde – man sehe von Orpheus zurück auf den Weg, den die Geheimniße nahmen – so wird man sich einigermaßen die Folge der Vorstellungsarten und auch der Einkleidungen erklären, und oft findet man, daß das Sonderbarste selbst aus einem mißverstandenen Buchstaben Moses entstanden sei. (6,129)

In der Schrift *Auch eine Philosophie der Geschichte zur Bildung der Menschheit* verfolgte Herder die hier skizzierten und in der *Aeltesten Urkunde* für die Frühzeit des Menschen ausgeführten Verwandlungen der Wissensmodi, die »Folge der Vorstellungsarten«, bis in sein eigenes Jahrhundert.[94] In beiden Schriften verwarf er jede Interpretation der »uralten Weisheit« nach einem modernen, etwa nach der Newtonschen Physik gebildeten Maßstab, denn beide kommen nur in ihrem strukturellen Kriterium, nicht aber im Hinblick auf die jedesmalige Kodifizierung des Wissensinhalts zur Deckung. Dieser ist vielmehr inkommensurabel, wie Herder anläßlich der Religion, Künste und Wissenschaften der Griechen zu bedenken gibt. »Originalität« und »Nachahmung« bei den Griechen sind im Hinblick auf die psychologische Beziehung zwischen Erfahrung und Urteil so aufeinander zugeordnet, daß die »Samenkörner der Kultur, Sprache, Künste und Wißenschaften«, die Griechenland »anders woher erhalten«, sich zu einer gänzlich originären kulturellen Homogeneität bildeten (vgl. 5,498 f.). Indem dieses »Spätere« sich von den »ersten Formen des Men-

93 Ibid. Bd. I, »Praefatio ad lectorem«: Die Aufgabe seines Werkes sei, »seriem reperire continuam ac probabilem rerum, quae antiquitate sua sunt obscurae & plerumque fabulosae«. Vgl. II,144.

94 Die Anwendung der siebenteiligen Hieroglyphe in Herders Geschichtsphilosophie von 1774 hat Peter Pfaff in seiner Studie »Hieroglyphische Historie. Zu Herders ›Auch eine Philosophie der Geschichte zur Bildung der Menschheit‹«, in: Euphorion 77(1983), 407-418, nachgewiesen.

schengeschlechts«, der »Gedankenform« des »Patriarchenalters« entfernt, ist es bei zunehmender Differenzierung der Künste und Wissenschaften zugleich das »Schwächere« (vgl. 5,482.478). Dieser Gedanke liegt wohl auch schon dem *Abriß der Völkerhistorie* zugrunde, der bekanntlich die »Jüdische Nationalgeschichte in Stammvätern« von der darauf folgenden »Völkergeschichte« im ganzen unterschied.[95] »Alle Radien«, so schrieb Herder 1774, »sind schon dem Mittelpunkte *so fern* – laufen alle, *wohin*? und *wenn* werden sie dahin *kommen*?« (5,581) Diese zunehmende Ferne von dem Mittelpunkt beschrieb Thomas Burnet 1692 in dem auch von Wachter referierten Kabbala-Kapitel durch die im Neuplatonismus differenziert gedachte Komplementarität von Emanation und »restitutio ad primaevum statum«:

> Deus sese explicat, & evolvit, per emanationes & effluxus à summis ad ima: quibus constituuntur diversae rerum creatarum ordines & formae. Denique, cùm Deus retrahit *hos radios* & resorbet, perit mundus externus, atque, iterum omnia fiunt Deus (Ensoph).[96]

In dieser Auffassung des Ursprungs und Ziels der Welt kommen nach Burnet fast alle »veteres sapientes« von den Ägyptern über die Orphiker, Pythagoräer und Platoniker bis zu den Stoikern mit der Kabbala überein.[97] Indem *alle* Wesenheiten (*substantiae*) *vor* aller individuellen Unterschiedenheit in Gott als dem »primum Ens« *simpliciter* sind, bleibt ihre Masse auch *nach* ihrem Hervorgang in die Vereinzelung und Zerstreuung irdischer Gestalten und Ordnungen stets dieselbe: »eandem semper esse Entitatis quantitatem in universo, sive sit in statu creato, sive increato.«[98]

Diese eklektische Darstellung mußte Herder in einer zentralen Überlegung seines frühen, gänzlich anders motivierten *Versuchs über das Seyn* bestätigen: Gegenüber einer Begründung der einzelnen Substanzen aus dem logischen »nihil« hatte er darin einen Begriff des »Seins« vorausgesetzt, in den sich alle anderen Begriffe auflösen lassen.[99] Dieser damals von der boethianischen Aristoteles-Exegese, von Gassendi und Ploucquet her formulierte Gedanke ließ sich nun ohne weiteres der Argumentation Burnets assimilieren. Einer christlich gedachten Schöpfung aus Nichts stellte dieser die Auffassung entgegen: »primum Ens, sive En soph, in se con-

95 Vgl. Nachlaß Herder, Kapsel XXV 143^r; vgl. oben zu Anm. 65.

96 Zitiert nach der präzisen, aber etwas gekürzten Fassung bei Johann Georg Wachter, *Der Spinozismus im Jüdenthumb*, Amsterdam 1699, 21-22. Cf. idem, *Elucidarius cabalisticus, sive reconditae Hebraeorum philosophiae brevis & succincta recensio*, Rom [i.e. Halle] 1706; Thomas Burnet, *Archaeologiae philosophicae* (Anm. 39), 63-64. – Insofern ist Max Rouchés These: »Le Dieu de Une autre philosophie de l'histoire reste orthodoxe [...] c'est vraiment un Dieu »bien personnel«, le Dieu de la Bible« (*La philosophie de l'histoire de Herder*, Paris 1940, 99), zu korrigieren. Die Plausibilität einer spinozistischen Interpretation der Kabbala scheint anhand der hier dargelegten Zeugnisse für Herders Geschichtsphilosophie evident. Zur Geschichte von Herders Spinoza-Rezeption vgl. Regine Otto, »Herder auf dem Wege zu Spinoza«, in: Weimarer Beiträge 24(1978), 165-177.

97 Thomas Burnet, *Archaeologiae philosophicae* (Anm. 39), 64.

98 Ibid. 63.

99 Vgl. die Edition in: Immanuel Kant, *Gesammelte Schriften*, Akademie-Ausgabe, Bd. XXVIII, Berlin 1970, 949-961, hier: 960.

tinere omnia«.[100] Der sicherlich mehrdeutige Begriff der Offenbarung in Herders Schriften von 1774 ist demnach nicht sowohl im Horizont des christlichen Dogmas, als vielmehr von dem Gedanken der Emanation oder Irradiation her zu verstehen, in dem, so Burnet, alle Weisheitslehren außer der relativ späten »Theologia Christiana« übereinkommen. Über das Verhältnis des Einzelnen zum Ganzen schrieb Herder in *Auch eine Philosophie*: »Groß muß das Ganze seyn, wo in jeder Einzelnheit schon so *ein Ganzes* erscheint! in jeder Einzelnheit aber auch nur immer so ein *unbestimmtes Eins*, allein aufs Ganze, sich offenbaret!« (5,584) Alles Einzelne ist »Lebensfragment«, das seinen Sinn durch die Teilhabe am Ganzen erfüllt. Dieses selbst ist das »Resultat«, das Herder aus der »Trümmervollen Geschichte« zieht: sie weist ihn auf »Aussichten auf ein höheres, als *Menschlich Hieseyn*« (5,567), welches Herder hier nicht weiter explizierte, mit dem aber jener Zielpunkt der Geschichte gemeint sein dürfte, den Burnet aus dem Konsens der »veteres sapientes« zog: »Deificatio universalis«, »status rerum Deificus«.[101] Er erfüllt sich in einer allseitigen Belebung des Weltkörpers, der nach der Analogie zwischen Mikrokosmos und Makrokosmos als μακράνθρωπος erscheint.[102] »Das wäre«, so schrieb Herder 1773 an Lavater, »ein Menschliches Nachtstück der Unsterblichkeit und Zukunft im Heiligsten Schimmerlichte«.[103]

Mit der Grundlegung dieses »Typus der Schöpfung« als eines Symbols für die Auslegung der Kulturgeschichte des menschlichen Verstandes konnte die Möglichkeit einer euhemeristischen Deutung des ›großen Menschen‹ ausgeschieden werden. Seine Analogie zum Makrokosmos beruht vielmehr auf einer *symbolischen Repräsentation* des Allgesamt der Weltverhältnisse. Herder stellte gelegentlich seiner 1765 in den *Königsbergschen Gelehrten und Politischen Zeitungen* erschienenen Rezension der durch Eschenbach veranstalteten Edition der *Orphica* den mannigfaltigen Nutzen dieser Ausgabe heraus. Über Orpheus schrieb er, dem Gedanken der *translatio studii* folgend: »Seine Gedichte haben auch die graue Salbung der Weisheit, der alten Einfalt, und des verblümten Aegyptischen Stils; ja es scheint sogar, daß sie einen großen Einfluß in die Bildung der Griechischen Mythologie nach den Ebräischen Geheimnissen der Aegyptischen Hierophanten gehabt haben. [...] Die Hymnen sind voll von dieser verblümten Einfalt, und sein System der Kosmogonie ist für uns das älteste.« (1,78) Er rühmte daneben Thomas Blackwells *Letters Concerning Mythology*, die 1771 auch in einer französischen Übersetzung erschienen waren. Blackwell legte den orphischen Pan-Hymnos als derartige symbolische Repräsentation aus, die ihm zugleich eine mikrokosmisch zu deutende Physiognomik des Weltalls einschloß; im achten Brief schrieb er:

---

100 Thomas Burnet, *Archaeologiae philosophicae* (Anm. 39), 63.

101 Ibid. 64-65. In der Tat entsprechen sich ja Herders *Aelteste Urkunde* und die derselben folgende Auslegung der johanneischen Apokalypse.

102 Vgl. Herders Brief an Lavater vom 27. Februar 1773 (Br. II,313-316).

103 Br. II,330-334, hier: 331.

> Pan, comme le mot le signifie, est l'ancien emblême de toutes choses: il représente l'Univers, & il passoit chez les Anciens pour le premier & le plus ancien des Dieux. Sa figure est le portrait de la nature, & représente cette apparence grossiere qu'elle avoit jadis [...]. Sa robe tachetée de Léopard représente le Firmament; sa personne est composée de différentes parties, qui tiennent de l'homme & de la bête: il est moitié homme & moitié chevre, de meme que l'Univers est composé d'un esprit qui gouverne toutes choses, & d'éléments contraires & prolofiques, savoir, le feu, l'eau, la terre & l'air.[104]

Herder interpretiert den ›großen Menschen‹ offensichtlich auf dieselbe Weise als symbolisch-allegorische Repräsentation und nimmt damit über die Rezeption der orphischen Dichtungen eine Präzisierung des pantheistisch akzentuierten Verfahrens seiner Geschichtsphilosophie vor. Johann Jacob Brucker veröffentlichte 1747 einen für den akademischen Unterricht bestimmten Auszug seines philosophiegeschichtlichen Hauptwerkes unter dem Titel: *Institutiones historiae philosophicae.* Im Abschnitt über das erste Zeitalter (*prima periodus*) der Philosophie widmete er sich den Anfängen des griechischen Denkens und fügte die Gotteslehre des Orpheus in den Rahmen einer natürlichen Theologie ein; er führte aus:

> [Deum] mundi partibus inesse, esseque eas Dei particulas, et membra, nec esse quicquam diuinitatis expers: has itaque animatas partes recte Deos haberi, cum et his intime copulatus adsit, et eius essentia vim illius vnicam largiatur, et per eas ad latentis Dei cognitionem perueniatur.[105]

Entsprechend dieser Doxographie der orphischen Theologie schrieb Herder im Brief an Lavater vom 27. Februar 1773: »wir sind mancherlei Glieder an Einem Leibe«, »viele Glieder an Einem Körper Gottes«.[106] Spinoza brachte nach Wachters Einschätzung durch seine *Ethica* die jüdische Kabbala in eine rationalisierte Form.[107] Aber er fiel in den Fehler, daß er die Attribute Gottes »ausser einander gesetzet« habe; Gott sei ihm daher bloß ein Aggregat, »bestehende aus unendlichen Wesen, deren je eines ausser dem andern in sich ist.«[108] Die Applikation der siebenteiligen Hieroglyphe in Herders Geschichtsphilosophie *entspricht genau* der geschichtlich vermittelten Auseinanderlegung dieser Attribute. Die Einheit der Menschheitsgeschichte ist daher zugleich die Einheit einer Geschichte des je indivi-

---

104 Thomas Blackwell, *Lettres sur la mythologie, dans lesquelles on rapporte les opinions des Anciens en matiere de Religion, les Pratiques & les Cérémonies qui y ont rapport, & l'on développe le sens le plus caché & le plus mystérieux des Fables du Paganisme*, Paris 1771, S. 64. (Die englische Ausgabe erschien zuerst 1748.) Vgl. die Übersetzung des Pan-Hymnos ibid. S. 76-78.

105 Johann Jacob Brucker, *Institutiones historiae philosophicae usui academicae iuventutis adornatae*, Leipzig 1747, 89.

106 Br. II,313-316

107 Vgl. Johann Georg Wachter, *Elucidarius cabalisticus* (Anm. 96), Kap. IV: »De consensu Cabalae et Spinozae«. Zum Problem vgl. grundsätzlich Gershom Scholem, »Die Wachtersche Kontroverse über den Spinozismus und ihre Folgen«, in: K. Gründer, W. Schmidt-Biggemann (Hg.), *Spinoza in der Frühzeit seiner religiösen Wirkung*, (Wolfenbütteler Studien zur Aufklärung Bd. 12), Heidelberg 1984.

108 Johann Georg Wachter, *Der Spinozismus im Jüdenthumb* (Anm. 96), Dritter Theil (neue Paginierung), 17. Wachter bezieht sich auf Spinoza, *Ethica, propositio XI.*

duierten menschlichen Wissens, die eine Differenzierung oder Nationalisierung der ursprünglichen Gedankenform, nicht aber eine Zunahme des Wissens schlechthin impliziert, und ihre providentielle, auf das »Urbild« hin erscheinende Entfaltung zu einer Kulturgeschichte des menschlichen Geistes beruht auf dem Wechselspiel zwischen der naturgeschichtlich induzierten,[109] nicht aber naturrechtlich begründeten Identität des Menschen und seiner psychologisch fundierten, nach Zeit und Raum unterschiedenen Selbstreflexivität. Der Annahme, »daß wahrscheinlich immer *Mensch Mensch* bleibe, *nach der Analogie aller Dinge* nichts als *Mensch*« (5,558),[110] steht der nach Zeitaltern und Nationen je verschiedene »*Blick des Menschen auf sich*« (6,502)[111] gegenüber, der die zweite, kulturproduktive Genesis des Menschen erst ermöglicht.[112] Burnet formulierte präzise die doppelte Perspektive seiner archäologischen Studien, indem er zugleich die »humanae cognitionis semina & progressus, & divinae Providentiae hâc in parte regimen & oeconomia« zu untersuchen beabsichtigte.[113] Mit Beziehung auf die im späten siebzehnten Jahrhundert nur noch selten zitierten *Mythologiae* des Fulgentius und dessen Klassifizierung der heidnischen *fabulae* legte er dar, daß die alles leitende göttliche Vorsehung die Erkenntnis Gottes und der Natur so einrichte und sie als verborgene bewahre, daß alle Wahrheit je zu ihrer Zeit hell hervorleuchte; wo sie aber jedesmal aufgeleuchtet habe, habe sie sich nicht offen gezeigt, sondern sei den Menschen von Beginn an auf vielfältige Weise verhüllt geblieben.[114] Wie sehr Burnets Ausführungen dem Gang in Herders Geschichtsphilosophie von 1774 zu entsprechen scheinen, so deutet aber der in ihr verwendete Begriff göttlicher Providenz auf das aus den »Erinnerungsmalen« der menschlichen Kulturschöpfungen selbst abgeleitete »sinnliche« Kriterium ihrer Interpretation, auf die planvolle, nach der »Hieroglyphe« geregelte Selbstauslegung der Menschheit; nach deren Maßgabe kommen sukzessiv und in je

---

109 Zum Begriff vgl. etwa 5,482.

110 Vgl. auch Herders Brief an Mendelssohn vom April 1769 (Br. I,137-143, hier: 139) und Günter Arnold, »Versuch eines Kommentars zu Herder-Briefe, Band I, Nr. 58«, in: editio. Internationales Jahrbuch für Editionswissenschaft 2(1988), 19-34, hier: 29. Während Arnold auf Leibniz rekurriert, habe ich in meiner in Anm. 84 genannten Studie eine Beziehung auf Philipp Melanchthons Seelenlehre wahrscheinlich zu machen versucht. Herder war mit dessen Schriften sehr früh vertraut (vgl. den Hinweis auf eine Gesamtausgabe in *Meine Bücher* 2°: 68-70, u.ö.).

111 (Hervorhebung R.H.).

112 Vgl. hierzu meinen in Anm. 78 genannten Aufsatz, in dem ich diesen Gedanken anhand von Charles Bonnets Begriff der »personalité« im *Essai de psychologie* (1754) und im *Essai analytique sur les facultés de l'ame* (1760) erläutert habe.

113 Thomas Burnet, *Archaeologiae Philosophicae* (Anm. 39), »Praefatio ad lectorem« (nicht paginiert).

114 Thomas Burnet, *Archaeologiae Philosophicae* (Anm. 39), 92: »Providentia divina, quae omnium saeculorum & latentis mundi habenas moderatur, cognitionem rerum divinarum & naturalium ita temperat, & latentem conservat, ut non nisi suo tempore clarè effulgeat veritas; simulque constet, ubi effulserit, eandem absconditam latuisse, & variis modis velatam inter homines, à primis mundi saeculis.« Zur Herkunft dieses Gedankens und zur Funktion der *providentia* als τέχνη παιδευδική vgl. etwa Clemens Alexandrinus, *Strom.*, ed. Stählin-Früchtel, IV,12, § 87,2.

unterschiedlicher Intensität alle kulturellen Schöpfungen des Menschen als zivilisatorische Übernahmen und Ableitungen *eines* Ursprungs zur Erscheinung. Sie sind, psychologisch betrachtet, das Resultat der »Entwickelung unserer Kräfte«, »die das Wesen unsrer Seele ausmachen«.[115] Diese Entfaltung des menschlichen Verstandes ist aber stets an die Invariabilität der ›hieroglyphischen‹ oder *anthropologischen* Struktur, an die Identität des »Grundstoffs« dieser Kräfte gebunden.

115 Br. I,178 (Brief an Moses Mendessohn vom 1. Dezember 1769).

W. Schmidt-Biggemann (Berlin)

AUFKLÄRUNG DURCH METAPHYSIK

Zur Rolle der Theodizee in der Aufklärung*

I. Die Doppeldeutigkeit der deutschen Frühaufklärung: Thomasius' Eklektizismus gegen Leibniz' Metaphysik.

Was ist Frühaufklärung?

Wenn Aufklärung überhaupt etwas mit Emanzipation zu tun hat, dann gehören Eklektizismus und Aufklärung zusammen. Der Eklektizismus, der selbständige Gebrauch der Urteilsfähigkeit nach dem Maßstab der Verbesserung der – im weitesten Sinne – politischen Praxis, hat in seiner Fassung bei Christian Thomasius die Aufgabe der Verbesserung der gelehrten und politischen Praxis. Die Qualifikation von Thomasius als eklektischem Aufklärer[1], der am Selbstdenken, an eigenständiger Beurteilung der Tradition orientiert ist, läßt sich bestimmen an seiner *Introductio in philosophiam aulicam,* an seiner »Vernunftlehre« und an seiner »Sittenlehre«[2]. »Selbstdenken«, »Selbsturteilen« bilden die semantischen Kernelemente seiner Fassung von Eklektizismus und können nur als Elemente des aufgeklärten, praktisch orientierten Umgangs mit der Tradition begriffen werden. Der Eklektizismus der Frühaufklärung hat so eine gelehrte und eine politische Dimension: Es ist die Freiheit des eigenen Urteils, die aus dem Schatz der gelehrten Historie das politisch Nützliche selbständig auswählt. Diese Selbständigkeit des Urteils setzt Freiheit voraus, das ist für Thomasius zugleich die Freiheit, die juristisch Straffähigkeit ermöglicht und damit die politische Verantwortlichkeit einschließt.

Einen solchen Rahmen kann man pragmatisch-empirisch charakterisieren, als eine Philosophie, die z.B. derjenigen von John Locke entspricht: sie ist praktisch orientiert und bezieht gegenüber der Schulmetaphysik eine skeptische Position. Die Skepsis geht einher mit Anerkenntnis der Offenbarungstheologie: Thomasius steht bei allem

---

* Der Verfasser reagierte auf Nachfragen wegen seiner Zitate und bibliographischen Angaben nicht. Ihre Zuverlässigkeit bleibt fraglich, da mir einige Bücher nicht mehr erreichbar waren (bes. zu Anm. 2-5, 16 u. 20). W. M.

1 Zum Zusammenhang: Helmut Holzhey, »Philosophie als Eklektik«, in: *Studia Leibnitiana* 15 (1983), 19-29. – Verf., *Topica Universalis,* Hamburg 1983, 249-293. – Verf., *Theodizee und Tatsachen,* Frankfurt 1988, 7-60 und 203-222.

Michael Albrecht, »Thomasius kein Eklektiker«? in: Werner Schneiders (Hrsg.): *Christian Thomasius, Interpretationen zu Werk und Wirkung.* Hamburg 1989, 73-94. – Horst Dreitzel, »Zur Entwicklung und Eigenart der ›eklektischen Philosophie‹«, Zs. für Historische Forschung 18, (1991) 281-343.

2 Christian Thomasius, *Introductio in philosophiam aulicam.* Lipsiae 1688, Halle 1702; deutsch unter dem Titel *Einleitung zur Hoff-Philosophie,* Berlin u. Leipzig 1712. *Einleitung zur Vernunftlehre.* Halle 1691, und *Einleitung zur Sittenlehre.* Halle 1692.

Praxisbezug deutlich in der Tradition der evangelisch-lutherischen Theologie, die die Werkfrömmigkeit ablehnt. Der Praxisbezug bei Thomasius ist kein Religionsersatz, der Mensch bleibt heilsbedürftig; Gnade ist ungeschuldet. Thomasius besteht darauf, »daß das Liecht der Natur und das Liecht der Offenbarung zwey gantz unterschiedene Brunn-Quellen seyn«.[3] So steht die Philosophie des Thomasius in einem bemerkenswerten Spannungsfeld: die praktische Politik und die juristische Schuldfähigkeit stehen unverbunden neben dem theologischen Konzept unverdienter Gnade.

Und die »Metaphysik« des Thomasius? Der *Versuch vom Wesen des Geistes* (1703) ist ein durchaus vom Cambridger Neuplatonismus, insbesondere wohl von Moore und Cudworth abhängiger, drastischer Neuplatonismus, der in seiner antischolastischen Tendenz bisweilen die Grenzen der philosophischen Pneumatologie überschreitet.

Thomasius' eklektisches Konzept von Philosophie hatte Konsequenzen für die praktische Aufklärung, zumal für die Jurisprudenz, zunächst in Preußen, dann darüber hinaus: Thomasius war derjenige, der die Folter als Rechtsinstrument auch theoretisch ablehnte und der – mit welchen fadenscheinig cartesianischen Begründungen auch immer – die Hexerei als juristischen Straftatbestand abschaffte[4]. Sein praktisches Konzept der Aufklärung zielt auf: Freiheit von falschem Kirchenrecht, von theologischer Juristerei, von Vorurteilen. Für Thomasius gilt die Formel der Befreiung des Menschen aus seiner selbstverschuldeten Unmündigkeit.

Weder Thomasius noch Leibniz schrieben, um eine Epoche zu begründen, sondern Leibniz wollte theologische und metaphysische Probleme lösen und Thomasius wollte praktische Politik und Jurisprudenz unterstützen. Ist es deshalb überhaupt sinnvoll, die zufällige Gleichzeitigkeit beider Philosophen zum Anlaß einer Zuordnung zu nehmen? Läßt sich Thomasius' Konzept von praktischer Aufklärung überhaupt mit der Leibnizschen Theodizee-Spekulation verbinden? Ist es vielleicht besser, über Thomasius als Aufklärer zu reden und Leibniz' Theodizee dem Barock zuzurechnen? Was hat die Theodizee mit ihrem Intellektualismus denn eigentlich mit selbstverschuldeter Unmündigkeit und dem Ausgang daraus zu tun? Ihr politisches Konzept ist nicht aufgeklärt. Sie geht, wenn sie politisch argumentiert, von einer barocken Analogie von civitas terrena und civitas divina aus. Ihre Behandlung der Freiheitsproblematik ist rein theologisch und metaphysisch; das Interesse ist die Rechtfertigung Gottes angesichts des Bösen in der Welt.

Nimmt man die Frage nach den Grundlagen der Erkenntnistheorie und die Reform der Metaphysik durch Descartes als Maßstab von Aufklärung, dann muß man feststellen, daß Leibniz in der Frage der Erkenntnistheorie die komplizierteste mögliche Version des Verhältnisses von res cogitans und res extensa gewählt hat, die praestabilierte Harmonie zwischen Erkennendem und Erkanntem; und die cartesianische

3 Christian Thomasius, *Hoff-Philosophie (Anm. 2)*, 73.

4 Christian Thomasius: *Über die Hexenprozesse.* Überarb. und hrsg. v. Rolf Lieberwirth. Weimar 1967.

Reduktion der scholastischen Substanzenvielfalt in res cogitans und res extensa machte er durch die Einführung seines Monadenkonzepts rückgängig.

Im Sinne von praktischer Emanzipation ist die Theodizee gewiß kein Aufklärungskonzept. In welchem also könnte sie es sein?

Einerseits bezeichnet der Begriff Aufklärung eine Epoche: Aufklärung findet im 18. Jahrhundert statt und wird als besonders dynamische Epoche begriffen. Epoche könnte heißen: Zeitalter wie jedes andere. Andererseits wird der Begriff Aufklärung seine ideologische Konnotation nicht los; Aufklärung bleibt Ausgang des Menschen aus seiner selbstverschuldeten Unmündigkeit. Es ist das Pathos der Freiheit, selbständig sein zu wollen; der eigentlich ideologische Drall der Aufklärung richtet sich gegen die Kontingenz, gegen die Abhängigkeit von einem ersten – wie immer gefaßten – Grunde, auf eine – wie immer gefaßte – Freiheit. Und in diesem Zusammenhang der Geschichte des Freiheitsbegriffs spielt die Theodizee eine wesentliche Rolle.

In der deutschen Frühaufklärung findet sich ein besonderer Aggregatzustand von Begriffen, die getrennt durchweg vorher schon zu finden sind. In neuem Arrangement bekommen sie eine neue Semantik und mit der neuen Semantik eine neue Dynamik: Die an der politischen Klugheit und der praktischen Liebesethik orientierte Politik[5] gibt es seit der italienischen Renaissance, seit zu politischen Zwecken die aristotelische Ethik übersetzt wurde. Indem aber diese politische Klugheit zugleich mit eklektischer Freiheit des Urteils über Gelehrtenschulweisheiten benutzt wurde, bekam der in der Gelehrsamkeit bereits vorhandene Eklektizismus, der nach eigenem Maßstab »selbstdenkend« urteilte, eine antigelehrte und zugleich politische Tendenz. Das implizierte auch ideologisch ein aufgeklärtes Potential: denn die Freiheit des Urteils war zugleich die Freiheit des politischen Selbstdenkens.

Für Thomasius ist also schnell gesagt, was Aufklärung bedeuten könnte. Metaphysik ist minimalisiert, sie findet sozusagen nur noch als fromme Schwundstufe statt. Ohne den schulphilosophischen Part[6], etwa in Francisco Suarez' grundlegender Version von 1597, bleibt von der Metaphysik nur die spezielle übrig, die Gott, die Welt und den Geist behandelt. Die Metaphysik bekommt so einen übermäßig theologischen Drall, den sie schulphilosophisch gar nicht hat. Von der allgemeinen Metapyhsik, wo die natürliche Theologie und die Pneumatologie nur einen Teil ausmachen, bleibt allein die Lehre von den geistigen Substanzen übrig, und die findet sich in Thomasius' »Versuch vom Wesen des Geistes«.

Aber kann man so, wie das Thomasius getan hat, mit den Kernbegriffen von Metaphysik umgehen? Funktioniert die Strategie, die die praktische Philsophie als allein

5 Dazu Werner Schneiders, *Naturrecht und Liebesethik. Zur Geschichte der praktischen Philosophie im Hinblick auf Christian Thomasius.* Hildesheim 1971. – Hanna-Barbara Gerl, *Philosophie und Philologie. Leonardo Brunis Übertragung der Nikomachischen Ethik in ihren philosophischen Prämissen.* München 1981.

6 Zum Zusammenhang: Ulrich Gottfried Leinsle, *Das Ding und die Methode. Methodische Konstitution und Gegenstand der frühen protestantischen Metaphysik.* Augsburg 1985. – Ders., *Reformversuch protestantischer Metaphysik im Zeitalter des Rationalismus.* ibid. 1988.

sinnvolles Konzept bestimmt und die Metaphysik gleichgültig macht? Erfahrungsgemäß lassen sich einmal gefundene und etablierte Begriffe nicht einfach vom Tisch wischen. Die Verwaltung solcher Begriffe wird vor allem dann schwierig, wenn man sie nicht mehr beherrscht: und das geschieht in dem Moment, wo man Opfer der eigenen Vergleichgültigungsstrategie wird. Die Herrschaft unbekannter Begriffe ist begriffspolitisch und realpolitisch unbekömmlich. Der Preis der eklektischen Philosophie ist der Verlust der metapyhsischen Kompetenz. Das ist die eine Seite der deutschen Frühaufklärung.

Auf der anderen Seite findet sich das genaue Gegenteil: Leibniz versucht, das begriffliche Material einer langen metaphysischen Tradition nach Maßgabe des Problempotentials neu zu arrangieren. Sein Ziel:

1. Ein Begriffsarrangement muß formal wahrheitsfähig sein, das heißt:

a) es muß den Kriterien der Kompossibilität, bzw. dem Satz vom Widerspruch entsprechen. Dies ist der logische Möglichkeitsbegriff, Possibilitas.

b) Etwas ist wirklich, wenn es über die Möglichkeit hinaus Realität wird; dazu bedarf es eines zureichenden Grundes. Das ist der metaphysische Möglichkeitsbegriff, Kontingenz.[7]

2. Mit diesen metaphysisch-logischen Prinzipien von Wahrheit behandelt Leibniz die drei Hauptfragen der theologisch-philosophischen Tradition, die im Titel der Theodizee vorkommen: la Bonté de Dieu, la Liberté de l'Homme et l'Origine du Mal. Das sind die materialen Bereiche der Theodizee, und der Anspruch der Theodizee ist kein geringerer, als die Grundfragen der Metaphysik und Theologie überhaupt zu beantworten, die Fragen nach der Offenbarungstheologie und der Natürlichen Theologie. Und dieses soll mit logischen Mitteln geschehen.

II. Cur potius aliquid quam nihil: Leibniz' Gottesbegriff

Die Theodizee (und damit Leibnizens Metaphysik insgesamt) hat den Anspruch, den Sinn der Welt zu begründen. Das ist ein ungeheurer Anspruch, es ist der Kompetenzanspruch der Metaphysik auf Sinn überhaupt.

Wie ist dieser Anspruch philosophisch faßbar? Leibniz hat als erster die Frage gestellt, die über die aristotelische Zentralfrage der Metaphysik, was »sein« bedeute, hinaus geht; seine Frage heißt »Cur potius aliquid quam nihil?«[8] Heidegger, der übersetzt: »Warum ist überhaupt Seiendes und nicht vielmehr nichts?«[9], hat diese Frage benutzt,

---

7 Zum Zusammenhang vgl. Ludger Honnefelder, *Scientia transcendens. Die formale Bestimmung der Seiendheit und Realität in der Metapyhsik des Mittelalters und der Neuzeit (Duns Scotus-Suárez-Wolff-Kant-Peirce),* Hamburg 1989.

8 *De rerum originatione radicali*, in: *Die philosophischen Schriften von Gottfried Wilhelm Leibniz,* hrsg. v. C[arl] I[mmanuel] Gerhardt, Bd. 7, Hildesheim 1961 (repr. Nachdr. = Berlin 1890), 303 (Zitat vom Verfasser frei abgewandelt und kompiliert mit dem hier in Anm. 14 gegebenen Zitat), 303, Z. 18f..

9 Vgl. Martin Heidegger, *Einführung in die Metaphysik.* Tübingen 1953.

um seine Vorstellung von Nichts zu erläutern. Das ist gewiß nicht Leibniz' Absicht gewesen. Der Sinn von Leibniz' Frage liegt in den Klammerfunktionen, die das »cur« und das »potius« zwischen »aliquid » und »nihil« haben.

Die Frage »cur«, warum, behandelt die Frage nach der Möglichkeit. Das »potius« behandelt das Übergewicht einer Alternative, »aliquid« und »nihil« sind sozusagen die Ränder des Möglichen.

Die Kompetenz der Frage ist schlechterdings unüberbietbar: Läßt sich – und das ist unmittelbar evident – etwas Umfassenderes denken als Sein, Nichts und die Relation von beiden?

Leibniz' Metaphysik hat nur Sinn unter der Bedingung des Begriffsrealismus. Begriffe sind bei Leibniz keine Zeichen, sondern semantische, selbständige Identitäten, die durch Zeichen abgebildet werden können. Die Begriffe sind auch nicht abhängig davon, daß sie gedacht werden, sie sind durch Kompossibilität und Existenz bestimmt, also wahr, weil sie sind.

a) »Cur« oder Leibniz' Beweis von Gottes Existenz, Wahrheit und Güte.

»Cur«, Warum, fragt nach dem Begriff des Möglichen.

»Möglich« berührt mit seiner Semantik sowohl Sein als auch Nichts; denn möglich ist das, wovon gedacht werden kann, daß es ist oder auch nicht ist.

Der Begriff des Möglichen ist in der Tradition Avicennas[10], die dann von Duns Scotus[11] übernommen und variiert worden ist, nach zwei Richtungen hin interpretierbar: logisch und metaphysisch.

Der ›logische‹ Begriff von Möglichkeit ist der der *Kompossibilität.* Etwas ist dann möglich, wenn es als Einheit von verschiedenen Prädikaten möglich ist. Möglich ist also ein Wesen vom Charakter (A,B,C). Warum? Weil es bei der Aneinanderreihung einfacher Prädikate, die jeweils nur einmal vorkommen, keinen Widerspruch geben kann[12]. Einen Widerspruch kann es nur geben, wenn ein Element doppelt vorkommt und zugleich negiert ist. Der Widerspruch, die Inkompossibilität, tritt bei Aussagen vom Charakter (A,B,C,-C) auf. Beispiel: Ein Kreis ist ausgedehnt und rund und nicht rund. Kompossibilität ist also der Begriff, der den logischen Möglichkeitsbegriff bestimmt in der Entgegensetzung von möglich und unmöglich.

Der ›metaphysische‹ Begriff von Möglichkeit ist der von *Kontingenz.* In diesem Fall ist der Begriff der Möglichkeit dem Wirklichkeitsbegriff gegenübergestellt. Möglich ist dann also das, was sein kann, aber noch nicht ist – bzw. von dem gedacht werden kann, daß es ist oder nicht ist. Evident ist, daß dieser Kontingenz-Möglichkeitsbegriff

---

10 Avicenna Latinus, *Liber De Philosophia prima sive Scientia divina,* hrsg. u. S[imone] Van Riet. Löwen und Leiden 1977, vor allem 31-44.

11 Vgl. Ludger Honnefelder, »*Die Lehre von der doppelten retitudo entis und ihre Bedeutung für die Metaphysik des Johannes Duns Scotus*«. in: *Deus et Homo ad mentem I. Duns Scoti.* Acta Scotistici Internationalis 3, Vindebonae 28.9.-2.10.1910, Romae 1972 (= Studia scholastico Scotistica 5), 661-671.

12 *Quod ens perfectissimum existit,* in: *Philosophische Schriften,* Bd. 7 (Anm. 8), 261. Diesen Beweis hat Leibniz bei seinem Besuch in Den Haag Spinoza vorgelegt.

ein anderer ist als der Kompossibilitäts-Möglichkeitsbegriff. Denn es ist widersinnig zu sagen, es gibt keine Zahlen, oder es gibt keine Logik – ohne Identität und Differenz ist überhaupt nichts möglich – oder es gibt keine Vierecke. Das sind Denknotwendigkeiten und sie sind wahr, weil sie da sind. Sie haben keinen Zeitindex. Sie bestimmen das Denken, nicht das Denken bestimmt sie. Dagegen haben kontingente Begriffe einen Zeitindex. Ihre Gegenstände sind nur real, wenn sie empirisch erfahren werden. So kann man sagen, es gibt keine Einhörner. Einhörner sind kontingent, denn man kann sich vorstellen, daß keine da sind.

Der Begriff des Möglichen hat den Begriff der Negation und den der Affirmation an sich: denn Mögliches kann sein und nicht sein, es kann möglich und unmöglich sein. Daraus hat Leibniz nun seinen Gottesbegriff abgeleitet, und zwar mit folgendem Argument:

Wenn Gott möglich ist, dann ist er notwendig.

»Notwendig« ist offensichtlich nur im Bezug auf Kontingenz zu denken, notwendig ist also das, dem es widerspricht, nicht zu sein. Wenn es also ein Mögliches gibt, dem es widerspricht, nicht zu sein, wenn also negierte Kontingenz zum logischen Prädikat werden kann, dann ist Gott.

Leibniz hat nun mit einer variablen Kombination aus metaphysischen und logischen Begriffen versucht, Gott zu »beweisen«. In dieser Kombination sind »Sein/Nicht-Sein« und »Widerspruch/Widerspruchsfreiheit« dergestalt zueinander ins Verhältnis gesetzt, daß ihre Kombinationsmöglichkeiten erschöpft werden. Diese benennt Leibniz dadurch, daß er die in Rede stehenden Begriffe durch die Kombination von je einem metaphysischem (»Sein«} und logischen (»Widerspruch«)Begriff und deren jeweiligem Gegenteil definiert.

»Beweisen« kann hier nur heißen, daß Gott sich in einer bestimmten Konstellation realer Begriffe zeigt. Beweisen heißt also, festzustellen, »das ist er«, weil er nicht anders denkbar ist. Die Geltung des Gottesbeweises setzt mithin die Geltung der Begriffe für seine Daseinsweise voraus, setzt voraus, daß in den menschlichen Begriffen die Kompetenz fürs Absolute überhaupt signiert ist.

Vorausgesetzt also, daß Begriffe und Rationalität, das heißt Begriffe des Möglichen, theologisch kompetent sind, gilt für Leibniz folgende Begriffskombination:

Möglich ist, dessen Sein keinen Widerspruch impliziert.

Kontingent ist, dessen Nicht-Sein keinen Widerspruch impliziert.

Unmöglich ist, dessen Sein einen Widerspruch impliziert.

Notwendig ist, dessen Nicht-Sein einen Widerspruch impliziert.[13]

Die Frage ist also, können wir etwas denken, dessen Nicht-Sein einen Widerspruch enthält? Wir können. Alle logisch-mathematischen, und alle moralischen Gedankendinge sind von der Natur, daß ihr Nicht-Sein einen Widerspruch impliziert. Denn wir

13 Gottfried Wilhelm Leibniz, Vorausedition, Münster 1983. Faszikel 2, 405 »Possibile est quod non implicat contradictionem, contingens quod non esse non implicat contradictionem. Impossibile quod implicat. Necessarium quod non esse implicat contradictionem.«

können nicht denken, es gäbe keine Dreiecke, wir können auch nicht denken, es gäbe nicht das Gute. Die Widersprüche sind von performativer Struktur, also wirken beide, Logik und Moral, durch ihren absoluten Anspruch. Das Ergebnis des Beweises: Gott ist; und zwar gleicht der Charakter seiner Seinsweise dem der Mathematik und der Moral. Denn wer oder was könnte sonst den Charakter des Notwendigen und zugleich Ewigen tragen?

Hier liegt der Grund dafür, daß Leibniz in seinem Gottesbegriff keine Differenz zugelassen hat zwischen Gott und seinen Prädikaten, daß er nie zwischen der Güte, der Wahrheit und der Existenz Gottes unterschieden hat. Gott ist für ihn univok und wahr.

Diese zirkuläre (aber das ist Leibniz wohl bewußt) Aussage stabilisiert den Wahrheitsbegriff enorm, denn die göttliche Existenz ist jetzt selbst vom Charakter der Kompossibilität. Göttliche Wahrheit ist nicht eine irgend gedachte Übereinstimmung von Erkanntem und Erkennendem, sondern die logische und die moralische Struktur Gottes und der Welt. Moralisch ist diese Struktur deshalb, weil das Auseinanderfallen Gottes und seiner moralischen Prädikate die Einheit der Kompossibilität zerstörte – und damit die Existenz Gottes selbst. Logik und Moral müssen übereinstimmen, wenn man überhaupt einen Kompossibilitätswahrheitsbegriff vertreten will.

Was hat Leibniz erreicht?

Mit seinem Wahrheitsbegriff hat er die beiden wichtigsten Gottesprädikate, nämlich Existenz und Güte, bewiesen = aufgewiesen. Jetzt ist der Weg frei für die Beantwortung der beiden anderen Fragen, nach dem Ursprung des Bösen und nach der Freiheit des Menschen.

b) »Potius«. Der Optimismus und der Ursprung des Bösen.

Die Frage nach dem Ursprung des Bösen ist zugleich die Frage nach der Schöpfung. Denn daß Gott nicht der Ursprung des Bösen sein kann, ist nach der Prädikatenlehre Gottes eindeutig: Böses widerspricht dem Guten, Gottes Wesen ist Kompossibilität, also ...

Das Böse muß – und die Existenz des Bösen ist empirisch evident – etwas sein, das irgendwie mit der Schöpfung zusammenhängt. Schöpfung ist ihrerseits, weil sie Schöpfung aus Nichts ist, als göttliche Schöpfung von sekundärer göttlicher Qualität, muß also kontingent und kompossibel sein.

Wie hat man sich nun den Ursprung des Bösen vorzustellen? Hier kann man das »potius« aus der Anfangsfrage Leibnizens »Cur potius aliquid quam nihil?« interpretieren.

In den Spekulationen zur Schöpfungstheologie ist immer das meiste schon passiert, wenn die Schöpfung geschaffen wird. Das gilt auch für Leibniz. Leibniz' Schöpfungsspekulation ist der Versuch, die beiden Gottesprädikate Wahrheit und Güte miteinander zu kombinieren. Die Welt ist dann – weil sie durch Gottes Güte geschaffen ist – die beste aller möglichen. Hätte Er nicht die beste geschaffen – argumentiert Leibniz – hätte Er überhaupt keine geschaffen. Mögliche Welten sind kompossible Welten im Gedanken Gottes. Die beste dieser möglichen Welten wurde am Vergleichsmaßstab des Gottesprädikats »Güte« gewonnen. Die Formel: »beste aller möglichen Welten« bezeichnet also keinen Allerweltsharmonismus, sondern ist genau kalkuliert: »Dum Deus calculat, fit mundus«. Die beste aller möglichen Welten kommt sozusagen durch die göttliche Güte von selbst zur Existenz[14].

Das, was für die Welt gilt, gilt natürlich auch für die Substanzen in der besten aller möglichen Welten, für die Monaden. Monaden sind nicht allein substantielle, ganzheitliche Einheiten mit verschiedenen Prädikaten, sie sind in ihrer substantiellen Qualität auch je optimiert, sie sind die Realität der besten möglichen Einheit von Prädikaten. Und so gilt für jede Monade, für jede substantielle Einheit, daß sie die Verwirklichung der besten logischen Möglichkeit ist, die für diese Monade paßte. Sie ist deshalb logischerweise nach ihrer metaphysischen Qualität einmalig. Keine andere metaphysische Einheit kann aus logisch-metaphysischen Erwägungen mit einer anderen identisch sein: Das »potius« im »cur potius aliquid quam nihil« garantiert auch die substantiellen Individualitäten. Und damit garantiert dieses Prinzip auch das Principium identitatis indiscernibilitatis: Wenn nämlich keine logisch-metaphysische Unterscheidungsmöglichkeit für die Existenz von zwei Individuen feststellbar wäre, dann wäre auch nur – Prinzip des zureichenden Grundes – eine Individualität geschaffen worden. Jedes geschaffene Individuum hat so seine metaphysische Dignität, die sich auf es selbst und nur auf es selbst bezieht.

Und das Böse? Das Böse ist die menschlich beschränkte Sichtweise der Kontingenz. Denn daß das Abhängige, auch wenn es individuell optimiert ist, nicht von der gleichen Dignität sein kann wie das Notwendige, versteht sich nachgerade von selbst. Wenn aber der Fall ist, daß die metaphysische Dignität des Kontingenten dem ewig Notwendigen gegenüber sekundär ist, dann hat das auch für die Erkenntnis der Kontingenz durch kontingente Wesen eine Konsequenz: Die menschliche Erkenntnis kann die Diskrepanz zwischen notwendigen Vernunftwahrheiten (logischer und moralischer Natur) und den kontingenten Tatsachenwahrheiten nicht überbrücken. Die menschliche Erkenntnis als Erkenntnis des Kontingenten und des Notwendigen kann zwar abstrakt den Sachverhalt der besten aller möglichen Welten in ihrer apriorischen Wahrheit begreifen, aber sie kann ihn nicht sinnlich in den kontingenten Gegenständen verifizieren. So liegt in dieser Erkenntnislücke zwischen den notwendigen Vernunftwahrheiten und den zufälligen Geschichtswahrheiten[15] der Schatten der metaphysischen Differenz zwischen notwendiger und zufälliger Existenz.

---

14 *Philosophische Schriften*, Bd. 7 (Anm. 8), 289: »Ratio est in natura, cur aliquid potius existat quam nihil.«

15 Vgl. Theodizee, Discours préliminaire, § 2: »Or les verités de la Raison sont de deux sortes; les unes sont ce qu'on appelle *les Verités Eternelles*, qui sont absolument necessaires, en sorte que l'opposé implique contradiction; et telles sont les Verités, dont la necessité est logique, metaphysique, ou geometrique, qu'on ne sauroit nier sans pouvior estre mené à des absurdités. Il y en a d'autres qu'on peut appeller *Positives*, parce qu'elles sont les loix qu'il a plû à Dieu de donner à la nature, ou qu'elles en dependent.« und G. E. Lessing, *Über den Beweis des Geistes und der Kraft*, Werke, hrsg. v. Herbert Göpfert, Bd. 8, bearb. v. Helmut Göbel, München 1979, 9-14, hier: 12: »*Zufällige Geschichtswahrheiten können der Beweis von notwendigen Vernunftwahrheiten nie werden.*«

Ergebnis: Das Böse ist aus der Moral, in der es seit der mittelalterliche Theologie seinen Ort hatte[16], in die Metaphysik und die Erkenntnislehre transponiert worden. Es ist entwesentlicht worden, denn es hat keine eigene Existenz mehr, es hat nur den Schatten einer Existenz, es ist, wie bei Dionysius Areopagita und Proklos, eine Pseudoexistenz. Es findet also eine erneute Platonisierung statt, eine Art Neo-Neoplatonismus'.

c) Freiheit des Menschen.

Der Wille, so betont Leibniz, ist nur als freier Wille denkbar. Wenn nun, das ist der dritte Hauptgedanke der Theodizee, der freie Wille existiert, dann muß er mit der Wahrheit Gottes, der Kompossibilität seiner Prädikate vereinbar sein. Der Wille des Menschen muß also mit dem Anspruch des Guten und der Kompossibilität Gottes kompossibel sein.

Die Frage nach dem Anspruch des Guten läßt sich noch am leichtesten fassen: Die Distanz des Menschen zu seinem Schöpfer ist zugleich die Ursache dafür, daß das Gute den Menschen nur noch zieht, nicht aber aus Freiheit immer bestimmt. Die Schöpfung ist sozusagen bereits der Sündenfall, der die Sehnsucht nach Gott auslöst. Der Mensch inkliniert allein zum Guten, kann aber auch das weniger Gute wählen. Denn das schlechthin Böse hat ja keine Existenz, es kann also auch nicht gewählt werden[17].

Die Freiheit der Wahl geht also auf das Bessere und Schlechtere. Es ist eine Freiheit innerhalb der Möglichkeiten, die in dem Möglichkeitsschatz der existierenden Welt vorgesehen werden können. Gott hat schließlich die beste aller möglichen Welten instantan, kompossibel, zeitlos gedacht, wie das seiner Vollkommenheit und der immerwährenden Geltung seiner Wahrheit entspricht. So besteht auch die existierende geschaffene Welt sozusagen aus Möglichkeits-Matrizen, die in den jeweiligen Handlungen realisiert werden können. Die reale Welt enthält also in sich die Voraussicht, aber nicht die Vorausbestimmung der menschlichen Handlungen.

Das ist sicher die raffinierteste, logischste (wenn der Superlativ möglich ist) und kompossibelste aller möglichen Welten. Aber ist es die beste? Die Frage, ob Gott in seiner Güte nicht hätte vorherbestimmen müssen, daß der Mensch mit allen Handlungsfolgen, die ja zugleich Lohn und Strafe sind, die beste Wahl trifft, oder ob er eine Art Güterabwägung vornehmen mußte, bleibt unbeantwortbar. Denn wie steht es? Ist

---

16 Vgl. Wolfgang Hübener: »Malum auget decorum in universo. Die kosmologische Integration des Bösen in der Hochscholastik«. In: Wolfgang Hübener, *Zum Geist der Prämoderne.* Würzburg 1985. 110-132. Ludwig Hödl, »Die metaphysische und ethische Negativität des Bösen in der Theologie des Thomas von Aquin.« In: Carsten Colpe und Wilhelm Schmidt-Biggemann, *Das Böse. Eine historische Phänomenologie des Unerklärlichen.* Frankfurt 1993, 137-164

17 Leibniz schließt die Bosheit als Abwendung schlechthin, den Emanzipationstrotz, aus. Er begründet diesen methodischen Ausschluß mit der Finalstruktur von Handlungen. Aber indem er überhaupt begründet, zeigt er, daß er Intellektualist ist, der den Willen nach der Einsicht in Ziele handeln läßt. Das ist natürlich die Folge seines Kompossibilitätswahrheitsbegriffs.

eine Welt besser, in der menschliche Freiheit (und damit die Bedingung der Menschlichkeit, bzw. der humanen Gattungsbestimmung) möglich bleibt oder ist eine Welt besser, in der das objektiv beste Mögliche ad Maiorem Dei Gloriam geschieht? Aber ist das Beste nicht das Freiheitlich-Moralische? Diese Alternative ist nicht mehr mit menschlicher Rationalität entscheidbar.

Diese offene Frage hat eine historische Konsequenz für die deutsche Aufklärung: Die Vorstellung, daß Freiheit für die Substanz des Menschlichen, für die Moralität ein unentbehrlicher Begriff sei, ist durch Leibniz' Theodizee virulent geblieben.

III. Die Leibnizianische »Stimmung« im 18. Jahrhundert

Leibniz hat mit der Theodizee-Argumentation und deren Kompetenz die Virulenz metaphysischer Begriffe in der deutschen Aufklärung gestiftet. Zwar: Die Logik und der Gottesbegriff Leibnizens, an der die Argumentation der Theodizee hängt, gehen der Aufklärung weitgehend verloren, schon bei Wolff. Aber: der Optimismus der Weltbeurteilung, die Minimalisierung des Bösen und die Diskussion um die Freiheit bleiben der Aufklärung erhalten. Die deutsche Aufklärung (auch noch Voltaires Candide, möglicherweise gerade wegen dieses Romans) erntete sozusagen die Folgeleistungen des metaphysischen Begriffsarrangements in der Theodizee. Auf den ersten Blick sind es eher Stimmungsmomente, die die Wirkung der Leibnizschen Metaphysikkonzeption in der deutschen Aufklärung ausmachen – bei genauerem Hinsehen erweist sich, daß die entscheidenden Denkmodelle in charakteristischen Abwandlungen übernommen werden. Das gilt für den Topos der »besten aller möglichen Welten«, für die Frage nach der Indiviualität und für das Leibnizsche Konzept der Freiheit.

»Die beste aller möglichen Welten.« Leibniz hat die Frage nach der Kontingenz der Welt durch den metaphysischen Kalkül des Optimismus gelöst. In der ersten Hälfte des 18. Jahrhunderts ist diese Frage noch mit dem Begriff des »complementum possibilitatis«[18] diskutiert worden, mit der Forderung, es müsse zur Möglichkeit der Existenz etwas hinzukommen, was die Wirklichkeit ausmache. Die moralisch-metaphyische Kalkulation, daß die Welt die beste aller möglichen sei, macht in der zweiten Hälfte des Jahrhunderts den Begriff der Kontingenz der Welt zur Quantitée négligeable. Das Optimismusargument hob sich selbst auf: Die Welt war so perfekt, daß darüber die Tatsache ihrer Geschaffenheit eher gleichgültig wurde. Nicht mehr wurde die Differenz von Schöpfer und Schöpfung vornehmlich gesehen, sondern die Empirie der Naturbetrachtung – bis in die Physiologie der Pflanzen- und Tierwelt – wurde wichtig. Die Selbstaufhebung des Optimismusarguments machte es in der zweiten Jahrhunderthälfte möglich, daß Leibniz' Naturbegriff mit Mitteln von Spinozas Me-

18 Vgl. dazu Verf., *Theodizee und Tatsachen* (Anm. 1), 26-31.

taphysik interpretiert wurde[19]; daß Optimismus und Pantheismus – wie in Herders »Gott, einige Gespräche« (1787) – ununterscheidbar wurden.

Individualität und Monade. Mit dem Begriff der Monade hat Leibniz die Frage nach der Individualität entscheidend präzisiert. Monaden sind für Leibniz Points vivants, metaphysische Lebenspunkte, die metaphysischen Einheiten, die im Selbstbezug Verschiedenes – logisch Kompossibles – real vereinigen. Dabei ist die Frage danach, was »lebendig« heißt, immer stärker aus dem metapyhsischen Bereich in den der Naturphilosophie gewandert. Im Verlauf der deutschen Aufklärung ist zwar das logische Konzept der Monade, die metaphysische Einheit der logischen Prädikate, immer mehr in den Hintergrund getreten. Aber die Frage nach der Selbstbezüglichkeit der Monade ist als naturphilosophische Vorstellung von Organismus uminterpretiert worden[20], des Organismus, der sich vorbewußt auf seine Selbsterhaltung (Perzeption), bewußt auf seine Existenz bezieht (Apperzeption). Damit ist der Naturbegriff insgesamt individualisiert und zugleich – möglicherweise zum Teil auch gegen Leibniz' Intentionen – entmechanisiert worden[21]. Eine Natur, die selbst das Leben aller ihrer lebendigen Individuen zum Zweck hat, war teleologisch konzipiert. Ihren Endzweck konnte man sowohl in ihren individuellen Monaden als auch in ihrer Zweckmäßigkeit als ganzer erfahren. Wie weit diese Natur in ihren Organismen selbst als göttlich begriffen wurde, oder ob ihre Einzigartigkeit sich auch in der Einzigartigkeit ihrer Wesen zeigte, blieb dabei gleichgültig. Nur: Ohne Ganzheit war eine solche Natur nicht denkbar – und das Leben der Natur insgesamt entsprach dem Leben eines jeden organischen Wesens in ihr[22].

Freiheit. Die Freiheitskonzeption Leibnizens blieb – als Zielalternative menschlicher Entscheidung im Rahmen göttlicher Vorhersicht gefaßt – problematisch. Aber durch die neue theologisch-philosophische Fundierung der barocken Doktrinen vom freien Willen, in der Transzendentalphilosophie Kants, Fichtes und Schellings, wurde

19 Der wichtigste Autor dieser Interpretationsrichtung ist Friedrich Heinrich Jacobi mit seinem Buch *Ueber die Lehre des Spinoza, in Briefen an Herrn Moses Mendelssohn* (Werke Bd. 4, 1. Abt., hrsg. v. Friedrich Roth u. Friedrich Köppen, Darmstadt 1964 (repr. Nachdr. = Leipzig 1819).

20 Vgl. Friedrich Heinrich Jacobi, *David Hume über den Glauben*, Werke Bd. 2 (Anm. 18), 252: »Den organischen Wesen allein können wir eine solche innerliche Einheit zuschreiben, die wahrhaft objectiv und real ist.«

21 Dem entspricht die Umdefinition des Kraftbegriffs bei Herder; vgl. Spinoza Gespräche (1. Fassung): *Gott. Einige Gespräche*, 5. Gespräch (Werke, hrsg. v. Wolfgang Pross, Bd. 2: *Herder und die Anthropologie der Aufklärung*, München 1981, 816-843, hier 823): »Alle Kräfte sind also da, die dasein konnten; allesamt ein Ausdruck der Allweisheit, Allgüte, Allschönheit. Im Kleinsten und Größten wirket er; in jedem Punkte des Raumes und der Zeit, d.i. in jeder lebendigen Kraft des Weltalls.«

22 Johann Wolfgang v. Goethe,
»Was wär' ein Gott, der nur von außen stieße,
Im Kreis das All am Finger laufen ließe!
Ihm ziemt's, die Welt im Innern zu bewegen
Natur in Sich, Sich in Natur zu hegen.
So daß, was in Ihm lebt und webt und ist
Nie Seine Kraft, nie Seinen Geist vermißt.

der Freiheitsbegriff so kompetent, daß er als *der* metaphysische, politische und geschichtsphilosophische Zentralbegriff aus der Diskussion der deutschen Aufklärung und des Deutschen Idealismus nicht mehr weggedacht werden kann.

Das Ergebnis: Bei Kant, Fichte, Schelling und Hegel wird Freiheit neu – und zwar im Sinne Leibnizens, nicht in dem des Thomasius – bestimmt. Das geschah freilich nach der anthropologischen Wende der Metaphysik im 18. Jahrhundert.

Leibniz, ein Aufklärer? Wenn irgendeiner, dann hat Leibniz die metaphysische Tinktur der deutschen Aufklärung geschaffen, die dann je verschieden angewandt wurde. Den Charakter, von natürlicher Theologie und von metaphsischer Begrifflichkeit geprägt zu sein, hat die deutsche Aufklärung nicht verloren. Aber erst dadurch blieb das metaphysische Vokabular überhaupt noch so lebendig, daß es transzendentalphilosophisch, naturphilosophisch und aesthetisch neu arrangiert werden konnte.

ADRESSEN DER BEITRÄGER DIESES JAHRBUCHS

PROF. DR. DAGMAR BARNOUW,
Univ. of Southern California, Dept. of German, Los Angeles, CA 90089-0351.

PROF. DR. OTTO DANN,
Univ. Köln, Historisches Seminar, Weyertal 80, D-50931 Köln-Lindenthal.

DR. RALPH HÄFNER,
Johannes-Tanner-Str.10, D-81249 München.

DR. BIRGIT NÜBEL,
Univ. Gesamthochsch. Kassel FB 09, D-34109 Kassel.

PROF. DR. WILHELM SCHMIDT-BIGGEMANN,
FU Berlin, FB Philosophie I, Königin-Luise-Straße 34, D-14195 Berlin 33.

DR. JOST SCHNEIDER,
Ruhr-Univ. Bochum, Germ. Inst., D-44780 Bochum.

ADRESSEN DES IHS-SCHATZMEISTERS UND DER HERAUSGEBER

PROF. DR. RICHARD CRITCHFIELD,
Dept. of Modern & Classical Languages, Texas A & M University, College Station, TX 77843-4238.

PROF. DR. WULF KOEPKE,
Dept. of Modern & Classical Languages, Texas A & M University, College Station, TX 77843-4238.

PROF. DR. WILFRIED MALSCH,
Dept. of German Lang. & Lit., UMass Amherst, MA 01003-3925.

GPSR Compliance

The European Union's (EU) General Product Safety Regulation (GPSR) is a set of rules that requires consumer products to be safe and our obligations to ensure this.

If you have any concerns about our products, you can contact us on ProductSafety@springernature.com

In case Publisher is established outside the EU, the EU authorized representative is:

Springer Nature Customer Service Center GmbH
Europaplatz 3
69115 Heidelberg, Germany

Batch number: 10578188

Printed by Printforce, the Netherlands